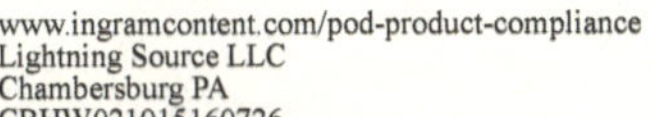

# الإهـــداء

أُهدي هذا الكتابُ لوالدتي.

رغد الحيالي

---

# شتاء بغداد ودبي

مجموعة قصص قصيرة

AUSTIN MACAULEY PUBLISHERS™
LONDON • CAMBRIDGE • NEW YORK • SHARJAH

# شكر وتقدير

أتقدَّم بالشكر لكلِّ شخص قام بتشجيعي على إكمال الكتاب.

والشكر الخاص إلى دار النشر وإلى الرسّام العراقيّ (عبد الحكيم البصري) على إنجازه الغلاف الأمامي لي.

# قطرات الندى

في عمر الورد، كلّ فتاة وشابّ لديهما طموح وأحلام يعيشان من أجله.

تحبُّ شخصاً حتى وإن كان فقيراً تعيش معه في أحلام الحب الوردية.

يمرون بالكثير والكثير من الأحزان، كمّية المشاعر التي كانوا يحملونها في بداية حياتهم من أجل أن يعيشوا قصّة حبّ مكتملة.

شاءَتِ الأقدار أن يكون لكل واحد منهم قصّة مختلفة عن الآخر وفراق وأحزان متراكمة.

# الوجع الحقيقي

أتعلمون ما هو الوجع الحقيقي؟ الوجع عندما ترى كل أحلامك تتبعثر أمام عينَيك ولا تستطيع أن تحرِّكَ يدك لتنقذ ما تبقى من هذا الحلم، نعم هو هذا الوجع.

عندما تريد تصديق كل من حولك لمجرد أن يقولوا لك سوف نقف معك، سوف نساعدك، سوف نكون سندك في هذه الدنيا الغريبة، ولكنك تتفاجأ بأن كل هذا الكلام مجرّدُ أداء واجب لا أكثر.

عندما تنتظر المسافر كي يعود، ولكن تتفاجأ بأنه ذهب ولن يعود أبداً.

# (لؤي وتمارة)

## حبٌّ وفراقٌ واشتياق!

في صباح يوم عمل جديد لها، وكالمعتاد تخرج مبكِّراً لعملها بسبب كثرة زحمة الطرق المؤدِّية إلى عملها، كانتْ تعمل (تمارة) في إحدى الشركات الكبرى في دولة الإمارات العربية المتحدة، تحديداً إمارة (دبي) الرائعة.

كانتْ في صباح كلِّ يوم تذهب إلى عملها وهي بكامل حيويّتها ونشاطها، على أن تبدأ يوماً جديداً مليئاً بالأمل والسعادة. وفي يوم ما وهي تعمل في مكتبها؛ تواصلتْ مع أحد الأشخاص الذين يعملون بنفس عملها، ولكن في دولة أخرى، والذي هو أيضاً بنفس اختصاصها العملي، ودار بينهما حديث مُطوَّلٌ عن العمل، وبعد أول اتصال تحركتْ مشاعره اتجاهها وقد قام بعدها بمحاولاتٍ عدة للوصول إليها وكانَ كلَّ يوم يتصل بها لمكان عملها، ولكنه لا يستطيع التحدُّث معها لأنها دقيقة بعملها، ولكن حصل شيءٌ لم

تفهمه هي أيضاً، وهو أنه استطاع أن يأخذ رقمها الشخصيّ واتصل بها على هاتفها وبدأ يتحدث معها عن إعجابه، وأنه يريد التواصل الدائم معها.

في تلك الفترة لم تكنْ هناك برامج تواصل اجتماعي كما الحال الآن؛ كان برنامج واحد في السابق وهو نظام (البلاك بيري)، وكان تواصلهما عبر هذا التطبيق.

ومرَّتْ الأيام والأسابيع والأشهر، وكانتْ علاقتهما كلَّ يوم تكبر ويكبر حبُّهما لبعض، وبعد هذه المدة قرَّرَ أن يعترف بحبِّه لها، وبالفعل أخبرها وقال لها: "لقد أحببتُكِ منذ أول يوم عرفتُكِ به"، كانتْ هذه الكلمات لها كالماء البارد ينزل عليها، فلم تستوعبْ هذا الكلام لأنها لم تكنْ تفكِّر جدِّياً به، لقد كانت تظنُّ بأنَّه مجرّد صديق، وتستمرُ علاقتهما كأصدقاء، ولكن بعد اعترافه بحبه لها تغيَّرتْ الأوضاع، بعد أن اعترف لها ما الخطوة التالية؟ قرَّرا أن يتمَّ لقاءٌ بينَهما، وهذا اللقاء هو الذي سوف يحدد نوع العلاقة، وما الذي سوف يحصل بعدها. وفعلاً اتّفقا على مكان يتمُّ اللقاء فيه، وسافر كلاهما لهذا المكان وهذه الدولة لأول لقاء بينهما، وتقابلا فيما بينهما، ولقد كان الخجل يسودها؛ فهي لا تستطيع التصرّف بكلِّ قوّة، بل تتصرف بعفوية وخجل كبيرين.

وعند عودتها إلى (دبي) اتصل بها بعد فترة بسيطة وقال لها: "أريد الزواج بك"! وما بين موافقتها أو عدم الموافقة فقط فترة

التفكير، وبعد أن انقضى الأسبوعان - فترة التفكير- أخبرتْه بأنها موافِقة على الزواج منه، وكان كل شيءٍ جميلاً.

في البداية لم تعتدْ على الجلوس في المنزل؛ لأنها تعمل طوال السنة، حتى أنها لم تكنْ تعلم بأنَّ لديها إجازةً سنويّةً تستطيع أخذها والسفر من شدَّة تعلُّقها بعملها، واستمرَّ بالاتصال بها.

وبعد مرور شهرين على هذا الموضوع، جاءَ لزيارتهم كلُّ من والدته ووالده وإخوانه، واتّصلوا بـ(تمارة) بعدما وصلوا إلى دبي، وأخبروها بأنهم يودّون زيارتهم في منزلهم، وبالفعل تم اللقاء مع أهل (تمارة)، لقد كان والدها ووالدتها وإخوانها بانتظارهم جميعهم.

بعد أن حضروا إلى منزل (تمارة)، تقدَّم الأب بطلب (تمارة) من والدها (الحاج أحمد)، وقال له بأنّه يريد ابنته على سنة الله ورسوله لابنه (لؤي)، فقال (الحاج أحمد): "يسعدنا ويشرِّفنا حضوركم، ولكن لا نستطيع الردَّ عليكم في الوقت الحاليّ"، وأخبرهم بأنه سوف يجيب على طلبهم بعد أن يتكلم مع (تمارة) ووالدتها وأعمامها وأخوالها، فهذه الأصول لطلب الزواج من فتاة شرقيّة حتى وإن كانتْ تعيش خارجَ بلدها الأم.

وبالفعل، بعد حوالي العشرة أيام اتصل والد (تمارة) بوالد (لؤي) وأخبره بموافقتهم بعد أن تم السؤال عن (لؤي) وعن أهله وأخلاقه، وبعد مرور ستة أشهر على مراسم الخطبة تمَّ الزواج في

دبي.. في إحدى فنادقها، وبعدها سافرتْ العروس لتمضي بقيّة حياتها مع زوجها.

تمرُّ الأيام والأشهر وهي بعيدةٌ عن أهلها، ولم يكن أحد قريباً منها أو يعلم ماذا يحصل معها، ولكن كانتْ دائماً تخبرهم بأنها سعيدة ولا توجد مشاكل فيما بينهما. حتَّى حملتْ بمولودها الأول، وكانتْ فرحتها كبيرةً عندما علمتْ بهذا الخبر، ولكنَّ الفرحة لم تكتملْ بسبب أوَّل خيانة لزوجها؛ حيث أنها اكتشفتْ بالصّدفة أنه يخونها، وأنه على تواصل مع امرأة أخرى، وأنه يتصل بها كلَّ يوم في الليل، ويتحدثان ساعاتٍ مُطوَّلةً غيرَ مبالٍ بزوجته أو بحملها!

حاولتْ أن تصلح وضعه وترجعَه لسابق عهده، حيث أنها لم تكنْ تصدِّقُ بأن (لؤي) الذي كان يعشق التراب الذي تمشي عليه يخونها، ومع من؟ مع امرأة ليستْ أكثرَ منها جمالاً ولا ثقافةً ولا علماً، ولكنَّ الحسرةَ على هذا الوضع أوقعتْها طريحةَ الفراش؛ حيث أنها أُصيبتْ بمرض سكّر الحمل، وعانتْ ما عانتْ من حقن (الأنسولين)، وعلاجاتٍ مُستمرة، وطلب منها الأطباء أن تستريح في منزلها بدون حركةٍ أو ثقلٍ أو تعَبٍ جسديٍّ، حيث أن حملها مُهدَّد بالسقوط بسبب ما حصل معها، ولكنَّ زوجَها لم يبالِ بهذا الوضع.

قرَّرتْ أن تعود إلى دبي لتستريح عند أهلها، فسافرتْ وهي في أول أشهر الحمل، وبصعوبته استقرَّتْ في منزل أهلها، ولكن بعد فترة من وصولها شعرتْ بألمٍ شديد، وكأنَّه ألم المخاض، أخذها والدها مسرعاً بها إلى المستشفى، حيث تم حجزها في المستشفى لمدَّة طويلة بسبب المشكلة التي حصلتْ معها، ولم تخرجْ إلا بعد أن ولدتْ ابنَها، حيثُ أنَّها ولدتْ بعملية قيصرية، ولم تكنْ تعلمُ بأنَّ ابنها مريض جداً، وأنَّ حالته الصّحيّة سيِّئةٌ لدرجة أنهم لم يعرفوا إن كان سوف يعيش أم سيفارق الحياة، ولكنَّ إرادة الله أقوى من البشر، فبعد عدَّة أيّام من ولادتها استعاد ابنُها صحَّتَه وتمَّ إخراجه من المستشفى، ولكنَّه مريض ويحتاج إلى رعايةٍ كاملة ودقيقة، ولا يجب أن يتمَّ إهماله ولو لثانيةٍ واحدة؛ لأنَّ مرحلة الخطورة لم تنتهِ.

كان أهل (تمارة) حريصين عليها وعلى ابنها، حيثُ أنهم لم يفارقوها لحظة واحدة، وبعدَ مرور أربعة أشهر زال الخطر عن ابنها واستعادتْ وضعَها الطبيعي، وحضر (لؤي) كي يصالحها وحاول جاهداً مع والدها ووالدتها ليستطيعوا إقناعها بالرجوع إليه، وأن ما حصل لن يتكرر، وفعلاً استجابتْ أخيراً وعادتْ معه إلى بلده الذي يقيم به.

ومرَّت الأيام وهم داخلَ منزلٍ واحد، ولكنَّ الذي حصلَ سابقاً تكرَّر، ولكنَّ هذه المرة أكثر، لقد بدأ بالتمادي عليها وبدأ يضربها

عندما تسأله عن اللواتي يتكلم معهنّ، وتمرُّ الأيام وهي تعاني في منزله من التجريح والضرب والإهانات والخيانة والكلام السيّء عنها وعن أهلها.

وبعد مرور سنتين على هذا الحال، حملتْ مرّةً أخرى، ولكنْ شاء القدر ألا يستمرَّ هذا الحمل، فسقط الحمل وعادتْ المشاكل مرّةً أخرى إليها، وهنا انتفضتْ غاضبةً عليه وطلبَتِ الطلاق، لأول مرة بعدَ كلِّ هذه المصائب التي مرّتْ بها، وكانتْ ردَّة فعله هي ضربُها وتجريدُها من حقوقها، ولكنّها استمرّتْ بغضبها وطلبها للطلاق، حتّى وصلَا لآخر المطاف، وقَبِلَ بطلب الطلاق، ولكن اشترط عليها أن تقيم في البلد ولا تخرج منه، ولكنّها رفضتْ، فرفضَ الطلاق وحاولَ الصُّلح معها، وكانتْ تظنُّ بأنه من الممكن أن يعود لسابق عهده ويكونَ أفضل من السابق، وكانتْ تحاول أن تتأقلم وأن يكون معها جيِّداً، وللأسف هنا حصل الحمل مرّةً أخرى، ولكن هذه المرة استمرَّ الحمل، والغريبُ هنا أنه فرح بالحمل هذا أكثر من المرة الأولى، وكأنّه أوّل مرة يكون لديه طفل.

في كل مرّة تكون لوحدها، كانتْ تشتاق لوالدتها ووالدها وتشتاق لحياتها في (دبي)، التي تركتْها من أجل الزواج والاستقرار الأسريّ الذي لم تحصلْ عليه، حيث أنها كانتْ تعيش في (دبي) بكامل راحتها، من حيثُ عملها وحياتها وأهلها وصديقاتها، ولكن

الحياة التي ظنّتْها جميلة مع الذي تحبُّه أصبحت جحيماً لا يُطاق، كلَّ يومٍ يمرُّ عليها وكأنه بمئة عام، حتى حدث ما حدث يومَ ولادتها لابنتها الثانية، وعند ذهابها للولادة لم يكن موجوداً معها، ولم تكنْ تستطيع الوصول إليه، ولا يوجد لديها أحد غيرُ أهله، فاتصلتْ بوالدته وأخبرتْها بأنها على وشك الولادة و(لؤي) غير موجود، فحضرت والدته مسرعةً وأخذتْها إلى أقرب مستشفى للولادة، وأدخلوها صالة العمليات، وكانتْ والدته غاضبةً منه بسبب إهماله وإغلاق هاتفه، حتَّى عاد إلى المنزل فجراً، ولم يجدْ (تمارة) ولا ابنه، فاتصل بها وهو خائف، لأنه لم يعتدْ على رجوعه للمنزل، و(تمارة) غير موجودة، فكانت والدته هي من أجابتْه على هاتف زوجته، وأخبرتْه بأن (تمارة) ولدتْ، ووضعُها الصحيّ غير جيّد، ولكن الطفلة بخير، فذهبَ مسرعاً إليهم، ولكنَّ والدته ووالده كانا غاضبَين من تصرُّفه الأحمق، حيثُ أنهما لا يعرفان ماذا يحدث مع (تمارة) و(لؤي) تحتَ سقفٍ واحد.

عندما استفاقتْ (تمارة) من العملية أخبرتْ والدَته ووالدَها بأنها تريد الطلاق، ولا تريد أن تستمر مع ابنهما، وأخبرتْهما ماذا كان يفعل بها، وهنا كانتْ الصدمة على والده ووالدته، حيث أنهما لم يعرفا مدى قسوة ابنهما، قال لها والده: "لكِ ما تريدين، ولكن الآن يجب أن تستريحي وأن تعودي بخير لمنزلك، وسوف يحصل ما تريدين".

وبعدَ مرور ثلاثة أسابيع على خروجها من المستشفى حاول (لؤي) أن يصلح الحال معها؛ لأنه أصبح أَبَاً للمرّة الثانية، والآن لديه بنت وسابقاً ولد، ويجب عليه أن يرعاهما، فرفضتْ أن تستمعَ إليه، وأصرَّتْ على أن تعود إلى (دبي)، ولا تريد منه شيئاً...

وبالفعل، حجز لها تذكرتها مع أولادها إلى (دبي) وعادتْ، وعند وصولها، كان أول ما قالتْه لوالدتها: "الآن فقط استعدتُ روحي، حيثُ كنتُ ضائعةً بدون (دبي)، والآن استعدتُها"، فهي كانتْ تعمل في (دبي) وسكنُها في الشارقة، وأخبرها والدها بأنها لن تحتاج لشيء ما دام هو على قيد الحياة، وعاشتْ معهم وهي سعيدة، وانتظرتْ فترةً طويلةً حتى استعادتْ حريتها بالكامل بعد أن أخذتْ ورقة طلاقها من (لؤي)، ولكنهّ أخبرها بأنه كان يحبُّها جدَّاً ولن يحبَّ بعدَّها، ولكنّها ضحكتْ على هذا التعبير وأخبرته بأن من يحب لا يخون ولا يتصرف بهذا الشكل، "وأنت لم تكنْ تحبُّ، كنت تريد الاستبداد فقط، وانتهى هذا الأمر الآن وأريد أن أعيش ما تبقّى من حياتي مع أولادي"، وانتهى الحديثُ على هذا الأمر وانتهتْ المكالمة.

وكانتْ أصعب أيّام تمرُّ على (تمارة) بعد هذه الخطوة، حيث أنها اكتشفتْ أن حبَّ حياتها انتهى، وأنها توهَّمَتْ بأنه كان يحُبِّها، بل كان يحبُّ نجاحها وطموحها واستقرارَها، ولكن بعدما حصلَ عليها أصبح ينظر لها على أنّها مجرّدُ زوجة تسكنُ في المنزل، وليس لها أيُّ حقوق أو واجبات، ولكنّها اكتشفتْ هذا الأمر متأخِّرةً جدَّاً

بعد أن ضاع من عمرها أربعُ سنوات، وأصبحتْ أُمّاً لطفلين اثنين تعيلهم وحدها ومع أهلها.

بعد أن حصلتُ على ورقة الطلاق، لأوَّل مرة تنظر للموضوع على أنه إيجابيٌّ جدًّا، وليس به شيء سلبيّ، ولا يوجد ما يُخجِل أبداً من كونِها امرأةً مُطلَّقة.

استعادتْ عافيتَها ووضعها بعد أن تحطَّمتْ نفسيَّتُها بسبب ما عانتْه معه، وعند هذا الوقت أخبرتْ أهلها بما كانتْ تعانيه معه، وقالوا لها بأنها لن تراه مرَّةً أخرى مدى الحياة ولن تعود له.

ومرَّتِ الأيام بها وهي تنتظرُ السَّعادة أن تطرق بابَها، وفعلاً بدأتْ تبحثُ عن عمل وأولادها معها، وكانتْ صديقتها الوحيدة المُقَرَّبة منها تتواجد معها وتواسيها على ما عانتْه بسبب زواجها، وكيف يجب عليها أن تنسى كلَّ ما حصل معها، وأن تعود إلى سابق عهدها ولحياتها السَّابقة بدون أن تشغلَ فكرَها بكلِّ الأمور السيِّئة، ولكن كان يتغلَّبُ عليها البكاءُ الطويلُ بسبب ما تشعرُ به من حزنٍ وأَلَمٍ وجُرْحٍ.

وبعدَ أن حصلَتْ على عملٍ بدأتْ تعودُ إلى طبيعتها وتنسى الأيَّام الماضية، وأولادُها في المدرسة وأهلُها حولَها وأصحابُها وزملاءُ عملها. استعادتْ نفسها التي ضاعتْ ما بين مشاكلها وابتعادها عن أهلها و(دبي)، ولكنَّها الآن تشعرُ بنفسها وحياتها، وهي سعيدةٌ جدًّا،

وجاءَها خبر بعدَ كلِّ هذه الفترة التي ابتعدتْ بها عن ماضيها وصَدَمَها، ولكنَّ واقعَ الصَّدمة كانَ خفيفاً جدًّا، حيثُ أنَّ زوجَها السَّابقَ قدْ تُوفِّي إثْرَ حادث في سيارته؛ كانَ مُسرِعاً وهو مخمورٌ جِدًّا، وحزنتْ على أولادها الذين سيكبرون بدون أب، وهنا كان دور والدها، حيث قال لها: "أنا والدُكِ ووالدُهم، لا تحزني يا ابنتي؛ فأنتِ في منزلكِ، وأنا مَنْ سأرعاكم إلى يوم مماتي"، كانتْ هذه آثار الكلمات، حيثُ أنَّها استعادتْ حَيَويَّتَها ونشاطَها لمزاولة عملها، وأصبحتْ من أفضل الإدرايّين في مجال عملها.

لقد كان شتاء دبي طريقَ نجاحها الدائم..

# (رقية وعلي)
## زمن التضحيات

في صباح أحد الأيّام في شتاءٍ بغدادَ البارد، تلكَ الفتاة المرتدية حذاءها الأبيض تذهب مع صديقاتها إلى المدرسة وتعود وشُبَّانُ المنطقة يغازلونها في ذهابها وإيابها.

شاءَتِ الأقدار أن تقعَ حقيبتُها وكانتْ على شكل حزام وسقطَتِ الكتبُ منها، فجاء شابٌّ، طويلٌ القامة، مفتولُ العضلات، جميل الشكل، فحمل الكتب وساعدها للوصول إلى منزلها.. أخذَتِ الكتب ودخلتْ إلى البيت بعد أن صافحها وقال لها: "أنا بجانبك في أيّ وقت"، هذه الكلمات دخلتْ في عقلها كعصافير تتطاير حول رأسها.

هل هو كان ينتظرني كما الشباب ينتظرونني عند خروجي من البيت أو المدرسة؟ أم هي صدفةٌ فعلاً؟

وفي صباح اليوم الثاني، وكانَتِ الساعةُ السادسة والنصف صباحاً، في شتاء بغداد الجميل، والشمسُ لا زالتْ في باطن البحر

تسعى لخروجها، خرجتْ رُقيَّة وكانَتِ الصدمة! الشّابُ الطويلُ مفتول العضلات يقفُ مع صديقٍ له بحجَّةِ الكلام وهو ينظر إلى منزل تلك الفتاة.. بدأتْ بالمشي فتركَ صاحبَه ولحِقَ بها، الخطوات تتسارع، ودقَّاتُ القلبِ تتسارعُ معَها، أوقفَها في وسطِ الطَّريق وقال لها: لم أنمْ طوالَ الليلِ أُفكِّر بكِ، لعلَّكِ كنتِ تفكِّرين بي؟!

وكانَ ردُّها: كلامُكَ في عقلي يتراقصُ كأنغام موسيقى بحيرة البجع، أحببتُ أن أراكَ صَباحاً وتمنَّيتُ هذا فوجدتُك أمامي.

فسارا سَويًّا إلى مكانٍ قريبٍ من المدرسة، وتواعدا على اليوم الثاني.

وكلَّ يومٍ يرافقُها إلى مدرستِها، وبعدَها بساعتين أو ثلاث تكون طلعاته الجوّيّةُ للتدريب فوقَ مدرستِها، فهو طالبٌ في كلّية القوة الجوّية، وهي تعلم أن الطالبات المراهقات يتراقصْنَ ويهتِفْنَ عندما يشاهدْنَ الطائرة، فهنَّ يعلمْنَ أنه قادم من أجلها.

مرَّتْ شهور وهما على نفس الحالِ، يذهبان سويًّا إلى المدرسة وتعود هي لوحدها إلى المنزل لأنه كان يدرس في كلية القوة الجوية، وكانتْ تنتظره حيث يعود، فتكون حجّتُها أن تنظِّفُ بالماء باب البيت، وتتأخَّر حيث موعد قدومه من الكلية، كلُّ هذا الشوق والانتظار، ليقول لها: "حبيبتي! كيف حالك؟"، هذه الكلمة في ثمانينات القرن الماضي الجميل.

اتفقا بين بعضِهما على اللقاء كلَّ يومٍ في الساعة الثانية بعد منتصف الليل، يقفز (علي) من فوق جدار البيت، ويذهب إلى

شبّاك غرفتها، ويضرب بِخِفْيةٍ يدَيه وتكون هي بالانتظار وتفتح الشبّاك، ويا لِقُصر الوقت إلى صلاة الفجر! وذلك لأن في وقت صلاة الفجر يخرجُ المصلّون لأداء الصلاة في الجامع القريب من البيت.

كلَّ يومٍ لهما قِصة، ولكنَّ الوقتَ لم يتغيَّرْ، وجاء الوقت لكشف سرِّهما، أصبحَ الجيرانُ يتهامزون ويتلامزون على هذه البنت؛ على أنها تفتح المجال لهذا الشاب لعلاقة لا يُعرَف مداها، ولا لها من النهاية وضوح، تدخّلَ الجيران ليشتكوا على ما لاحظوا بأنَّ لصّاً يتجوّلُ في المنزل ولا يُعرفون من هو.

كان (لرُقَيَّةَ) شابٌّ يحُبّها بجنون ولا يسمح لأحدٍ أن يتكلَّم معَها وكشفَ علاقتَها معَ (علي)، فترصَّدَ له وطعنَه بالسّكّين في ظهره فسقط على الأرض وهرب الشّابّ المجنون المتهوِّر، فسمعتْ (رقية) أنَّ عشقَها قد جُرِحَ، وكان لها أخٌ صغير، فأعطتْ بيده القطن والمعقِّم ليذهب لإعطائه لحبيبها المطعون ليداوي نفسه مؤقَّتاً، بعدها اختفى (علي) لمدة عشرة أيام، وهي كلَّ يومٍ تفتحُ شبّاك غرفتها وتنتظر لعله يأتي، تفاجأتْ وهي نائمةٌ قرب الشُّبّاك ترتجفُ برداً بأنَّ أحدهم يلعب بشعرها، قفزتْ مفزوعةً وعرفتْ أنه أتى، تعانقا، وحاجزهم الحديد البارد فلم يشعروا به.

وكان الحديث الجادُّ في هذه الليلة أنّه يريد الزواج بها، ولكنّه يعاني من مشكلةٍ مُعيَّنة، كانتْ صدمتُها عندما علمت أنّه يتيمُ الأم،

وله أبٌ كبيرٌ في السنّ، ولديه سِتُّ أخواتٍ صغيرات، أكبرهُنّ كان عمرها تِسْعَ سنين، ومُرتَّبُ التقاعد لوالده لا يَسُدُّ رمقَ عيشهم، وكانتِ الأفواه في بيتهم تنتظر أن يتخرج (علي) من الكلية ليعملَ ويكفي رمق عيشهم، وكان لهم الأخَ والأمَّ والأبَ والصديقَ، وهي وصِغَرِ سنِّها لا تعرف أبعاد الارتباط به لو تحقق ذلك، فإنها ستكون أمًّا لسِتِّة أبناء، ولعجوزٍ كبيرٍ في السّنّ، تكون له ممرّضةً وخادمة.

وجاء اليوم الموعود، وفِعْلاً حضرَ (علي) مع والده وعمَّته في يوم الخميس إلى بيت (رُقَيَّة) ليخطبها من ذويها.

في بيت (رُقَيَّة) تواجدَتِ الجارةُ التي تسبِّبُ مشاكلَ في المنطقة، وجلستْ تسمعُ والد (علي) على أنّه مُوَظَّفٌ بسيطٌ متقاعد، ولديه سبعةُ أولاد يعيشون على هذا الراتب التقاعديّ، وبمساعدة شقيقته التي كانتْ معه وهو ينتظر تعيين ابنه كطيار (هليوكوبتر سمتية)، انتهَتِ الزيارة على أن يَردَّ جوابَ الموافقة أو الرفض والدُ (رُقَيَّة) يومَ الإثنين القادم.

اتَّفقَ الحبيبان برسالةٍ صَغِيرة وضعَها (عَلي) في فتحةٍ صغيرة في زاويةٍ جدار المنزل كان يضع فيها الرسائل عندما لا يستطيع الحضور كصندوق بريد، استلمَتِ الرِّسالةَ (رُقَيَّةُ) وكانتْ آخِرَ رسالةٍ تستلمُها منه كتب فيها أنّ والدها طَلبَ مهراً عالياً جدّاً في ذلك الوقت (عشرين ألفَ دينار)، وتُعتَبَر ثروةً في الثمانينات، وهي مُدلَّلةُ والدها الصّغيرة، كانَ هذا طلبَه، وبتدريس من جارتهم هو

الرَّدُّ بالرَّفض الأدبي، ولكنَّ (عَلِيَّاً) قالَ لها: "لا تتخيّلي أن المالَ يفصلُ بيننا، سأحفر الصّخور وسأسهر الليالي وألتقطُ النّجومَ من السّماء لتكوني سعيدةً، أنا لكِ" وانتهَتِ الرِّسالة.

في صباح اليومِ الثَّاني، وكان يومَ الجُمُعة، والجميعُ في المنزل، وبعد الفطور اجتمعَ والدُها في غرفته وأغلقَ الباب، على أن يكون الكلامُ سِرّياً بينه وبينها، قال لها: أترضين أن تكوني خادمةً ومربّيَةً ومُمرّضةً وأنتِ في السّابعةِ عشرةَ من عمرك، وأنتِ بعمر الورود وجميلةٌ ولكِ وجهٌ جميلٌ يتمناه الغنيُّ قبل الفقير؟

ردّت بعد أن نظرتْ إلى عين والدها: أرافضٌ أنتَ زواجي من (علي)؟

وردَّ بدون تأخير: نعم، أرفض أن تكون ابنتي سعيدةً بساعة من الزمن وتعيسة سنين عمرها الباقية.

جادلتْه لإقناعه، ولكنه بعد أن رآها مُصِرَّةً على الزواج من الحبيب، قال لها والدموع تملأ عينَيه: أترضين لأبيكِ أن يكون حديثاً للإساءة بسمعته، وكلُّ المنطقة تتكلم عن قصتك مع (علي) بأنكما عقدتما القِران خِفْيةً، وهو جاء لإثبات هذا الشيء؟ أطلب منكِ الحفاظ على سمعة والدك، وأن ترفضي أنتِ بشخصك هذا الزواج، وتغلقي جميع الأفواه المسيئة.

أقنعها والدها وكان حبها له الشيء الوحيد الذي أضعفها، وتنازلتْ عن قرارها ووعدتْ والدها بأنها سترفضه وجهاً لوجه.

وجاء يوم الإثنين، يوم الرد على طلب الخطوبة، كان الموعد للرد على طلبهم مساءً، ولكنَّ (رقية) باغتَتْ هذا الموعد وانتظرتْ قدوم (علي) ظهراً كما السابق، وعند لقائها به، **قالتْ له وهي تبكي:** "أعتذر، لا أستطيع الزواج منكَ".

توسَّل إليها أن يعرف ما السبب رغم كل الصعوبات التي قدَّمها في طريقه والدُها..

**اختصرَتِ الكلام وقالتْ له:** اعذرْني، مع السّلامة.

في نفسِ اليوم، وبعد العصر، جاءتْ عائلة من مكان بعيد وطلبوا يدها لابنهم، وهو قد شاهدها أكثر من مرة تخرج من المدرسة مع صديقاتها، وافقتْ عليه على الفور بدونِ أن تفكِّر وذلك لإثبات صدق نواياها مع والدها. فَرِح الأب وتمَّتِ الخطوبة، على أن يكون يومَ الخميس القادم حفلةُ الخطوبة.

ذهبتْ إلى السوق مع عائلة الخطيب الجديد ووالدتها، وهي لا تعرف عن هذا الرجل شيئاً من أخلاقه، من طباعهِ، من سلوكهِ، قلبُها لم يكنْ مرتاحاً فقد جَرحتْ إنساناً تحبّهُ.

وبعد عودتها إلى المنزل حَضرَتِ ابنة الجارة صاحبةُ المشاكل **وقالتْ لها:** سمعْنا أصوات الزغاريد والغناء في بيت (علي).

**فقالتْ:** ولِمَ؟

فردَّتْ عليها بأن (عليّاً) قد عقد قرانه على إحدى البنات، وأن عمته قد سهَّلتْ هذه المهمة لتثبتَ له بأنه يستطيع الزواج من أيّ فتاة أُخرى!

كانتْ تلك الليلة أقسى ما مَرَّ في حياتها، وكانتْ تفتح الشُّبّاك وتلمس الحديد في نفس مكان يديه، وتتخيل كلامه وهي تبكي، ويطلع الفجر وتنام...

حاولَتِ التهرّب من هذه الخطبة مُعلِّلةً بأنّ موضوع (علي) انتهى وهو تزوَّج، فلم يبقَ حديثٌ للمنطقة، ولكنَّ والدتها أصرَّتْ على أن يتمَّ الزواج في فترةٍ قصيرةٍ.

شاءَتِ الأقدار وكانَتِ الحرب الإيرانيةُ العراقيةُ قد اندلعت، وفقد خطيب رقية أخاه الكبير، توقَّف موضوعُ الزواج في الوقت الراهن لأن والدة العريس كانتْ شديدةَ الحزن على ابنها.

أصرَّ العريس بعد ستَّة شهور أن يتزوَّج ليُغيِّر حزن البيت إلى فرحٍ، وكانَتِ الحبيبةُ هي كبشَ الفداء، فقد ذهبتْ إلى بيته جسداً بِلا روح.


قرَّرتْ مع نفسها أن تمنعَ الحمل لأنها غيرُ مقتنعةٍ بهذا الزواج، وبعد تسعة شهور اكتشفتْ والدتُه أن (رُقيَّة) تأخذ حبوبَ منع الحمل، فقالتْ لها اتركي الحبَّ وتهيَّئي للحمل ليتعقَّلَ زوجُكِ بعد

أن تنجبي له طفلاً. وهذه عقائدُ العراقيين، أنَّ الرجل يعقل لو أصبح أباً. إنَّه مفهومٌ خاطئٌ، ولكنْ حُبّاً بوالدته كانتْ طيّبةً، وتُعامِلُها بالطَّيِّب، وبعدَ ثلاثة أشهرٍ كان الجنينُ في بطنها.

اشتدَّتِ الحربُ، وسافر زوجها للقتال، اختفى ستّين يوماً لا تعلم عنه شيئاً، وذهبتْ إلى بيت والدها، بدأ يرنُّ هاتفُ البيت ولا أحد يجيب؛ في اليوم أكثر من عشر، إلى خمس عشرةَ مرّةً يرنُّ هاتفُ البيت، ولا أحدَ يجيب.

إحدى المرّات في إحدى الليالي رنّ هاتف البيت، فرفعت (رقيّةُ) السّمّاعةَ، وعندما قالت "ألو!" وعرفوا صوتها، بدأتِ الشتائمُ تنزل عليها بشدة، وتكرَّرَتِ الاتصالات والشتائم فتراتٍ طويلة من الأيام، وفي بعض الأوقات كانتْ تفصل الهاتف عن الخِدْمة ليرتاحَ أهلها وهي من الشَّتائم.

عانوا كثيراً، وقرَّر والدُها أن يذهب إلى دائرة الاتصالات ليتمَّ مراقبةُ هاتف البيت، بعد المراقبة ألقوا القبض على امرأتين اثنتين بدون ذكر أسمائهما، وأسباب اتصالهما وشتائمهما لهذا البيت، خوفاً من كثرةِ المشاكل الاجتماعية، ولحفظ الأمن في الدولة، ولكنّ والدها أصرَّ أن يَعْرِفَ، وتعهَّدَ أنه لن يؤذيَ أحداً من المتصلين على بيته، وفي صباح اليوم الثاني جاءَ الخبر أنَّ الامرأتين اللَّتين أُلْقِيَ القبضُ عليهما هما زوجةُ (علي) الجديدة ووالدتها، والسبب لهذه الشَّتائم أن (علياً) كان يلفظ اسمَ رقية وهو نائم، وكانت زوجتُه

تستشيط غيظاً وغِيْرةً، وعندما يصحو تسأله: "من هي (رقية)؟"
فلم ينكِرْ حبَّه لها، وبدأَتِ المشاكلُ بينهما بعد أن رُزِقَتْ منه بولد.

لم ينقطعْ عن ذِكْرِ (رقية) بين أصحابه في المنطقة، وكان يصلُ
هذا الكلام إلى أُذُنِ (رقية) لأنه عَلِمَ أنها في بيت والدها، وزوجُها لم
يعدْ من الحرب. وكانتْ شديدةَ الغضب، وانتظرتْه حسب المواعيد
السابقة له عند قدومه من العمل، فأخرجتْ من بيتها سِكّيناً
غليظةً على أن تضربَه وتقطع الحديث وألْسِنَ الناس، أمسكها من
يدها، وقال لها: ماذا بكِ؟ لو كان الموت بيدكِ فأنا سعيد. ولكن
قُولي لي، ماذا حدث؟ والدموع أغرقَتْ عينَه وهو يراها لأول مرة
بهذا الغضب، يتوسّل لها لِكَي تقولَ له ماذا بها، فكان ردُّها: أهل
بيتِكَ - أي زوجتك ووالدتها - هم من يتصلون على البيت يوميّاً
ويُمطِروننا بالشتائم دونَ سبب، ونحن لا نعرف من هم، إلى أن
عَرَفْنا واكْتَشَفْنا من هؤلاء المتّصلين، والآنَ أقولُ لكَ: ابتعدْ عني
أنت وعائلتك، لا تسبِّبوا ليَ الجروح، فأنا زوجةً وأمٌّ لطفل أنتظر
قدومَه.

كان ردُّه لها: "سوف أطلِّق زوجتي، وستأتي لتعتذر منكِ، لا
أريدُ الدُّنيا والعيشَ فيها ودموعُكِ على خدِّكِ.

إلى هذا الحدّ وانتهَتِ المشاكلُ بينَهم، وبعدَها عاد زوجُ (رقيّة)
مصاباً في رأسه ويرقد في المستشفى العسكري، فبدأَتِ الزوجة
تداوي زوجَها وتراعيه بعد إصابته الخطيرة، وكانَتِ الزوجةُ

مخلصةً ووفيَّةً لعهد زوجها.. انقطعَتِ الأخبارُ بينها وبين علي، كلُّ مضى في طريقهِ.

بعد مرور سَنةٍ، والكثيرُ من المشاكل حدثَتْ بينَ (رُقيّة) وزوجِها، قرَّرَتِ الانفصالَ عنه وعادتْ إلى بيت والدها مع طفلتها الصغيرة، بدأ ظهورُ شقيقها الكبير على ساحة حياتها. كان يفتعل المشاكل معها يوميّاً كي تعود إلى بيت زوجها، وفعلاً بعد أن تغلَّبَ الحزنُ عليها عادتْ إلى زوجها ولم يستقبلْها بالأحضان، بل تكبّرَ عليها وزادَ قسوةً، عِلماً أنه كان يكذب من بداية الزواج - وكذلك عائلتُه - على أنَّ عائلةَ خالتِه جيرانُ بيتِهم، ولديهم غرفةٌ صغيرة فوقَ السَّطح، أقنعوها أنْ تسكنَ بها على أنه بيتٌ ليسَ لغرباءَ، وبعدَ الزَّواجِ اكتشفَتْ أنَّ هذا البيت لناس غرباء، مجرّد جيران لهم، واشتدَّتِ المشاكلُ بينَهما بسببِ الكَذِبِ الكثير.

في الوقت الذي تكتظُّ المشاكلُ فوقَ رأس (رقية) كانَ هناكَ (علي)، يعاني من ألَمِ الحِرْمان من حبيبته وهو في قمّة الخلافات الزوجيّة مَعَ زوجته، ومرَّتِ السنوات السبع وانقطعَتِ الأخبارُ بينهما، فلا يعلم أحدهم عن الآخر شيئاً.

بعد مرور سبع سنوات..

تطلَّقتْ (رقية) من زوجها، وقرَّرتْ مغادرةَ البلاد، وفي تلك الفترة كانَ الطيرانُ المدنيُّ متوقِّفاً في الدولة، والخطُّ البرّيُّ الذي يربط بين العراق والأردن هو المنفذ الوحيد للمسافرين.

في يومٍ من شتاء بغدادَ البارد ذهبتْ إلى مكتب الخطوط الجوّيّة العراقيّة لحجز تذكرة، وصدفةً كان أخوه الأصغرَ يمشي في الشّارع وناداها، وكان سعيداً جِدّاً بلقائها ويسألها عن أحوالها وعن حياتها، فرَوَتْ له أنها انفصلتْ عن زوجها منذ فترة واتخذَتْ قرار مغادرة العراق إلى العيش في الأردن، وكانتْ عيناها تنتظران منه أن يُعْلِمَها عن أخبار حبيبها الذي فقدتْ أخباره منذ سنين، فلم يتكلمْ عنه، ولكن بعد هذا سألتْه: ما أخبارُ (عَلي)؟ أين هو الآن؟ وكيف حاله؟ وكم طفلاً لديه؟ فبكى وقال لها أنّ (عَلِيّاً) قد تُوُفّي! كان وقع الخبر عليها شديداً، فبدأتْ بالبكاء، وأخوه يبكي إلى أن سألتْه إذا ما قد تُوفِّيَ في الحرب..

فقالَ لها: كلّا، إنّه كان يعاني من وَرَمٍ في الرأس، ويشكو الصّداع المستمِرّ، وكان موتُه فجأةً دونَ أن يعلمَ أحدٌ أنه كان يعالج نفسه بنفسه، ويعلمُ أنّه مريض ولم يخبِرْ أحداً، وقال لزوجته عندما كان يحتضرُ أنه أحبَّ (رُقيّة) بجنون وبصدق، وقال

لها: "لم أفكّر بيوم واحد أن أحبّكِ، ولكنّني أحترمُك كزوجةٍ وأُمٍّ لابني"، وتوفي بعدها.

وقال أخوه (لرقية) بأنّ "زوجةَ (عليٍّ) كانتْ ذكرى له تبحث عن عنوانكِ لتخبرك أن (عليّاً) توفي وهو يلفظ اسمكِ ويخبرها بأنه أحبكِ ولآخر نفسٍ من حياته، وقال لها: الذي أحبّكِ حدَّ الجنون قد فارق الحياة.. وانتهتْ قصّة حبّ (رُقَيّةَ) و(عَلِيّ).

بعد سماعها هذا الخبر كأنها فقدتْ جزءاً من جسدها، كأنَّ روحَها قد فارقتْها وهي ما زالتْ تقفُ على قدمَيها وتمنَّتِ اللِّحاق به، ولكنّها عاشتْ جسداً بلا روح، فقد فارقتْها روحُها بفقدانها (علي).

هكذا كانتْ قصّةُ (علي) و(رقية)، حبٌّ لم يولد بعده حب.

# (أحمد وبيداء)

## الحبُّ النقيّ

كانتْ أصواتُ المطر والرعد قويّةً جِدّاً في هذا اليوم، حيث يكون موعدُ ذهابٍ (بيداء) المعتاد إلى جامعتها بوقت الصباح الباكر رغمَ أن الأجواء لا تسمح بالذهاب إلى الجامعة، إلا أنها لا تريد أن تتغيَّبَ عن دراستها يوماً واحداً، فهي حريصةٌ جدّاً على تعليمها وإكمال دراستها.

في أول سنة لها في الجامعة، التقتْ (بيداء) بشابٍّ ذي شكلٍ ليس بالجميل، ولكن طيِّبَ القلب، والكلُّ يحبُّه لكرمه وأخلاقه العالية. (بيداء) كانتْ ذاهبةً إلى قسمها، وفي طريق ذهابها اصطدمتْ بشخص ولكن عن طريق الخطأ؛ لم يكن مُتَعَمِّداً أن يصدمها، وفوراً سقطتْ كتبُها على الأرض وسارَعَ الشّابَ إلى تقديم المساعدة، والتقطَ كُتُبَ (بيداء) من الأرض وأعطاها إليها، وقال لها: أنا آسف، أعرّفُكِ بنفسي، أنا (أحمد).

**قالتْ له (بيداء):** أشكرُكَ، لا داعي للأسف، أنا لم أكنْ منتبهةً لطريقي، وتشرَّفْتُ بمعرفَتِك (أحمد). وأكملَ كلُّ واحدٍ منهما طريقَه نحوَ القسم الذي يدرس به.

وبعدَ ساعات انتهى الدّوام الرّسميّ لهما، وعاد كلُّ واحد منهما إلى منزله، وفي طريق العودة كانتْ تفكِّر (بيداء) بـ (أحمد)؛ هل كان متعمِّداً أن يصطدم بي؟ أم أنها كانتْ صدفة فعلاً كما قال؟ وهنا كان تفكير (أحمد) ليس كتفكير (بيداء)؛ لقد كان سعيداً جِدّاً عندما اصطدم بها؛ لأنه أوّلَ مرّةٍ يرى بها بنتاً جميلةً وهادِئة وكانَ يفكِّر بها؛ هل من الممكن أن تفكر (بيداء) بي كما أفكِّر بها؟ وهل يمكن أن تحبَّني بنتٌ (كبيداء)؟ وكأنّه أوّلَ مرّةٍ يرى بنتاً في حياته.

وبعدَ أن وصَلَ إلى منزله جلس مع أخيه يحدِّثُه عن (بيداء) وكيفَ أنها جميلةٌ وهادئةٌ وأخلاقُها عالية، كان أخُ أحمد اسمُه (محمَّداً)، **كانَ يقول لأخيه:** لقد كانتْ تسير في طريقها ولم تكنْ تشاهد مَنِ القادمُ مِنْ أمامها، وفجأةً اصطدمتُ بها وسقطتْ أغراضُها على الأرض! التقطتُ لها الأغراض، وكنتُ أحدِّثُها وقلبي يدقُّ كأنّني أوّلَ مرّةٍ أرى فيها شابّةً جميلةً!

**فقال له (محمد):** ما اسم هذه الفتاة التي سلبتْ لكَ عقلكَ ولغاية الآن تتحدَّثُ عنها؟

**فقال (أحمد):** اسمها (بيداء)، إنها في المرحلة الأولى في الجامعة، لا تعرفُ أحداً، وليسَ لديها أصدقاء أو صديقات.

(محمد): وكيف علمتَ بأنَّها ليسَ لديها أحد في الجامعة؟ أنت تقول بأنها في المرحلة الأولى!

(أحمد): نعم، إنها في المرحلة الأولى، ولكن كنتُ أراقبها وأراقب تصرُّفاتِها، وعندَ خروجها لم يكنْ معَها أيُّ شخص.

(محمد): حَسَناً، اعتنِ بنفسِكَ جيِّداً، يبدو أنَّكَ بدأتَ بالحبِّ من النظرة الأولى.

(أحمد): هل فعلاً هكذا يكون الحبُّ من النظرة الأولى؟

(محمد): نعم، إنه يبدأ هكذا، كنْ حَذِراً من مطبَّات الحب المقبِلة.

(أحمد): حَسَناً إذن، سوف آخذُ بنصيحتكَ وأنتبهُ لنفسي. ذهبَ (أحمد) إلى غرفته وهو يفكِّر بكلام (محمد) ويفكر (ببيداء)، وبعدَ عدَّة ساعات استيقظ وذهَبَ إلى صديقه (معتز)، وجلس يتحدث معه بخصوص الدراسة، ولكن عقلَ (أحمد) كانَ مع (بيداء)، ولكنَّه يكلِّم (مُعتَزّاً) ولم يكنْ بكامل تركيزه، فقال له (معتز): ما بكَ اليوم؟ لماذا أنت شارد هكذا؟ هل يوجد شيء؟ هل هناك مشكلة معك؟

(أحمد): لا توجد أيُّ مشكلة، ولكنّي أفكر بشيء ولا أعلم هل هو جيِّد أم سيِّء.

(معتز): أخبِرْني ما هو لِأستطيع مساعدتَكَ.

(أحمد): لا أستطيع التكلُّم في الوقت الحاليّ لأني غيرُ واثقٍ من الأمر، سوف أتركك الآن وأعود إلى المنزل، وسوف نتحدث في وقت لاحق. وعاد (أحمد) إلى منزله وهو لا يستطيع التركيز بدراسته **وكان يكلِّم نفسَه:** (ماذا يحصل معكَ يا أحمد؟ لماذا أنتَ شاردُ الذهن هكذا؟ هل معقول أنكَ أحببتَ بنتاً قابلتَها لأوَّل مرَّة اليوم؟ كفاكَ تفكيراً بها وعُدْ إلى رشدك..

وعند وصوله إلى المنزل أرسل على طلبه والدُه، **قال له:** أريد أن أكلِّمَكَ يا (أحمد).

**فقال أحمد لوالده:** تفضَّلْ يا والدي، كلِّي آذانٌ صاغية.

**قال والدُه:** إنَّ والدتَك تحدِّثُني باستمرار عن زواجكَ، وتريدُ أن تزوِّجَكَ ابنةَ أختِها أو ابنة أخيها، ولكنَّني قلتُ لها سوف أستشيرُ (أحمد) وأسأله عن رأيه؛ هل هو موافق أم لا؟

**فقال أحمد لوالده:** أبي أنا آسف لا أستطيع الزواج الآن، أريد أن أُكمِل الجامعة، وبعد أن أبدأ بالعمل سوف أُفكِّر بالارتباط.. ولكن الآن لا يمكن لأنني لم أتخرَّجْ بعد، ولا أُفكِّر ببنات خالي أو خالتي، أرجوكَ يا أبي أغلِق الحديث في هذا الموضوع ولا تعِدْه مرَّةً أخرى إلى أن أقول لك أنني جاهز الآن.

**فقال له والده:** حسناً، سوف أُغلِق الموضوع الآن، وسوف أُخبِر والدتَكَ برفضِكَ، وليحفظْنا الله من كلام والدتكَ.

فقال (أحمد) لوالده: أبي، أرجوكَ تصرَّفْ بشكلٍ منطقيٍّ مع والدتي، وأقنِعْها بأنَّ الزواج الآن خاطئ.

فقال والد أحمد: نعم، سوف أتصرَّفُ، دَعِ الأمرَ لي.

وذهبَ (أحمد) إلى غرفته وهو الآن وقَعَ بمشكلةٍ أكبر؛ هل سوف تجبره والدته على الزواج من أقربائها؟ أم أنَّ والده سوف يتصرَّفُ وينهي هذا الأمر المزعج الذي حصل بوقت ليس وقته.

بعدَ مرور أسبوع على (أحمد) و(بيداء)، بدأ الإعجابُ يظهر عليهما، وبَدَأ (أحمد) يحاولُ التقرُّبَ من (بيداء) في خطوةٍ وَصَفَتْها (بيداء) بالجريئة، وكلَّما يكلِّم (بيداء) يوضِّح لها ولو قليلاً عن إعجابه الخفيّ، ولكنَّ (بيداء) كانتْ تشعر بهذا الإعجاب ولا تتكلّم، فلديها خجلٌ غيرُ مسبوق، فأصبح (أحمد) يذهب خلف (بيداء) عند عودتها إلى منزلها كي يراها، ولا يسمح لأحد بالاقتراب منها أو مضايقتها.. واستمر الحال هكذا طوال السنة الأولى من الكلّيّة، وجاءَتِ العطلةُ الصيفيّة، وكانتْ أشبهَ بالجحيم بالنسبة (لأحمد)؛ لأنّه يحبُّها جدّاً ولا يستطيعُ البوحَ بهذا الحب، فهو يخاف الخسارة ولا يريد أن يُجازِفَ بنفسه.

بدأ العامُ الجديدُ، ومن أوَّل يومٍ ذهبَ (أحمد) إلى الكلّيّة فقط ليرى (بيداء)، التي كانتْ أوَّل الواصلين إلى الكلّيّة، نظَرَ في عيونها وقال لها: كيف حالكِ يا (بيداء)؟ وكان قلبه ينبضُ شوقاً لها.

تبسَّمَتْ (بيداء) وقالتْ له: أنا بخير يا (أحمد)، كيف حالكَ أنت؟ وكيف كانَتِ الإجازةِ معك؟

- لقد كانتْ أسوأ إجازة أمرُّ بها!

اندهشَتْ (بيداء) من كلامه، وقالتْ له: ولكن لماذا يا (أحمد)؟ ماذا حصل؟ هل حصل شيءٌ سيّءٌ لا سمحَ الله؟

- لا تخافي لم يحصلْ شيء، ولكنَّ هذه الإجازة منعتْني من رؤية ملاكي...

شعرتْ (بيداء) بنوعٍ من الغيرة وهو يتكلَّم هكذا، فقالتْ له: ومن تكون ملاكُكَ؟

ضحك (أحمد) وقال لها: إنّها ملاكٌ، ولكنّها على الأرض.

- هيّا قلْ لي من هي؟!

ابتسمَ وقالَ لها: أنتِ يا (بيداء)، أنتِ ملاكي في الأرض.

شعرتْ بالخجل الشديد واحْمَرَّ وجهُها؛ لأوَّلِ مرَّةٍ رجلٌ يصارحُها بحبِّه لها، وهيَ تحبُّه، وكانتْ تنتظرُ منه هذه الخطوة، فقالَ لها: لماذا أنتِ خَجِلةٌ منّي؟ أنا أُحِبُّكِ، نعم أحبكِ وأريد أن أستمر بحبي لكِ...

- هذه أوَّل مرَّة يصارحني شخص، وأنا لا أعرف ماذا أقول.

- هل يوجدُ شخص آخر في حياتِكِ؟

- لا، لا يوجد غيرُكَ.. تلعثَمَتْ بالقول، وأعادتْ كلامَها: أقصد..
لا يوجدُ أيُّ رجل صارحني من قبل.

لقد طار من الفرح (أحمد) عند سماعه هذا الكلام، **ولكنّه
أعاد عليها السؤال**: كيف كانتْ الإجازة مَعَكِ؟ هل قضَيْتِها مثلي في
التأمُّلِ والانتظار؟ أم أنَّكِ اعتدْتِ على الأجواء وعلى غيابي؟
كانتْ هذه الكلمات كفيلةً بأن تغيِّرَ من (بيداء) وطريقة تصرفها
وكلامها مع (أحمد).. تفاجأ (أحمد) بالتغيُّر الكبير الذي حصل مع
(بيداء) في هذه الفترة البسيطة..

ابتسمتْ (بيداء) لـ (أحمد) وقالتْ له: هل نذهب إلى مقهى
لنشرب شيئاً؟

**فقال (أحمد) (لبيداء)**: هيا بنا نذهب.

ذهبا إلى المقهى، وبعدَها بدآ يفكِّران ماذا سيحصل الآن بعد
اعترافنا بمشاعرنا لبعض، هل يمكن أن نكمل طريقنا مع بعض؟
أم سيحصل لنا مفارقاتٌ وتنتهي بمشاكل كبيرة؟

كانتْ هذه اللحظات هي أكثرُ اللحظات الصعبة التي يمر بها،
(بيداء) و(أحمد)، وبدون أن ينتبها أدركهما الوقت ولم يحضرا هما
الاثنان المحاضرة الأولى لهما، وكانتْ هذه أوّلَ مرَة يَتَغَيَّبان فيها عن
المحاضرة، وعادا إلى القسم وهما لا يدركان الوقت، ولكنَّ داخلَهما
يطير سعادةً من الاعتراف بمشاعرهما لبعضهما.

عادتْ إلى المنزل وهي بكامل فرحتها باعتراف حبيبها لها بأنه يحبُّها منذ اللحظة الأولى التي رآها فيها، ولكنَّ شيئاً بداخلِها يقول لها بأنَّ فرحتها لن تكتمل، وفعلاً أثناءَ وجودها في البيت في هذا اليوم جاءتْ والدتُها إلى غرفتها وقالتْ لها: هل أنتِ متفرّغةٌ قليلاً لأتكلَّمَ معكِ؟

- نعم يا أُمي تفضّلي، حتى لو كنتُ مشغولةً سوف أترك ما بيدي لأتكلم معكِ.

- اليَوم جاءت إلينا عائلة خالتكِ، وتقدَّموا بخطبتك لابنها (سرمد).

تفاجأتْ (بيداء) من الخبر ولم تكنْ تتوقَّع بأنَّ والدتَها فرِحَةٌ جدًّا بهذه الخطبة، قالتْ لأمها: ولكن يا أمي، أنا ما زلتُ طالبةً في الجامعة، ولا أريد ترك دراستي من أجل الزواج أو الخطوبة وهذه الأمور.

ابتسمتْ والدتها وقالتْ لها: لن تتزوَّجي الآن، بعد التخرّج سوف يكون الزواج، ولكن الآن فقط عقد القِران والخطوبة.

فانتفضتْ (بيداءُ) فزعاً من مكانها، وقالتْ لوالدتها: يا أمي أنا لا أريد الزواج من ابن خالتي، أرجوكِ اتركي الأمر ولا تحدِّثيني به.

غضبتْ الأم منها وقالتْ لها: ولكن أنا موافقة، ووالدُك أيضاً موافق، وكلمتنا هي التي تمشي في هذا البيت. ثم خرجتْ الأمّ من غرفة (بيداء) وهي غاضبة من (بيداء)، وذهبتْ إلى والد (بيداء)

وأخبرتْه بما حصل، وكان الأب غيرَ مستعدٍّ لخسارة ابنته من أجل زواجٍ لن يكونَ موفَّقاً بسبب رفض (بيداء) منذ البداية، فأخبر والدتها: اتركيها الآن ولا تضغطي عليها، ما زالتْ صغيرة ولا تريد تحمّل المسؤولية. ولكنّ إصرار الأمّ على الزواج أجبر (بيداء) على الذهاب إلى (أحمد) وإخباره بما حصل.

(أحمد) تذكَّر معاناته مع والدته بسبب رغبتها بتزويجه إحدى قريباته، فكَّر بالموضوع بجدّيَّة وأخبر والده بأنه يحب فتاة معه في الجامعة ويريد التقدُّم لها، استمع له والده وكانتْ والدته رافضة هذا الزواج، أو الفتاة أصلاً، لا تريد أن يتزوَّج (أحمد) بفتاة غريبة مِنَ الجامعة، أرادتْ تزويجه بقريباته.

حدَّدَ (أحمد) موعداً مع (بيداء) للذهاب لبيتهم للتقدُّم لخطبتها، وفعلاً تمَّ الموعد وذهبوا إلى منزل (بيداء) لخطبتها، ولكن تفاجأتْ (بيداء) برفضِ والدتها لهذا الزواج رفضاً قطعيّاً؛ مُدَّعِيَةً بذلك أنهم وافقوا سَلفاً على تقدُّم ابن خالتها. والدُها لم يتكلَّم ولم يكنْ له أيُّ رأيٍ، لا بالرفض ولا بالقبول، وكان ينظر إلى الوضع من ناحيةٍ بعيدة جدّاً، وانتهى عرض الزواج وعادوا إلى منزلهم و(أحمد) في قمّة الحزن بسبب رفضهم له. وكانتْ (بيداء) حزينة في غرفتها تبكي بسبب فعل والدتها. ذهب والدها لغرفتها وتكلم معها: يا ابنتي، هل من الممكن أن تكون والدتك لا تعرف أين مصلحتك؟ فهذا ابن خالتكِ، وهو أقرب لنا، وأقرب لكِ من الغريب، ولا نعرف

ما يحصل لكِ في منزلهم. وهنا كانتْ (بيداء) لا تسمع إلا حزن قلبها على رفض والدتها لحبيبها، والذي تمنَّتْ من كلِّ قلبها أن يكون هو من نصيبها، ولكن شاءتْ الأقدار أن يحصل هذا الأمر.

ذهبتْ إلى الجامعة في اليوم التالي وهي حزينة؛ كيفَ ستقابل (أحمد)، وما الذي ستقوله له وأهلها قد رفضوه فجأة، وهي تمشي في الشارع غير منتبهة إلى ما يحصل، دخلتْ إلى الجامعة وهي حزينة غير مبالية بمَن حولها مِن زملاء دراستها، وهنا حصلتْ الكارثة، حيث أنها غير مدركة لما ينتظرها في الجامعة، لقد كان يوجد شخص قد فخَّخَ نفسه متهيِّئاً لتفجير نفسه، وكان يبعد عنها خمسين متراً فقط، وفعلاً فجَّر نفسه، وهنا سقطتْ (بيداء) بدمائها مغشيَّةً على الأرض، سارعوا لحملها إلى المستشفى، وكان (أحمد) من بين الذين سقطوا على الأرض أيضاً بسبب هذا التفجير، ولكن لا يعلمون هل ما زالتْ على قيد الحياة أم أنّها استشهدتْ.

بعد وصولهم إلى المستشفى اتصلوا بأهاليهم لإبلاغهم بخبر وقوع الانفجار في الجامعة، وأن (بيداء) و(أحمد) من بين الضحايا الذين في المستشفى الآن. ذهب أهلهم مسرِعين إلى المستشفى والدموع تملأ عيونهم من حزنهم وخوفهم بأنهم خسروا أولادهم.

وعند وصولهم إلى المستشفى تفاجؤوا ببعضهم عند المدخل، دخلوا وسألوا عن أولادهم فقالوا لهم في طوارئ المستشفى أن جميع من أتوا بهم من مكان الانفجار قد تُوَفُّوا، هنا كانتِ الصدمة على أهاليهم، فقد كان أملهم بأن يكونوا فقط جرحى، وأن لا يكونوا من ضمن الذين تُوَفُّوا بسبب هذا الانفجار البائس الذي حصد ما حصد من جسد طلاب جامعة، ليس لهم ذنب غير أنهم فقط يريدون إكمال دراستهم رغم كل المآسي التي يمرّون بها.

لم يهدأ بالُ والد (بيداء)، ولم يكنْ يصدِّق ما يسمع من **الممرِّضة التي تجلس في الاستقبال، فذهب إلى قسم الوَفِّيَات** وأخبرَهم: أريد أن أرى ابنتي، أريد أن أرى وجهَها لآخر مرّة.

**فقال له الطبيبُ المُشرِف على قسم الوفيات:** أخبِرْني اسم ابنتك وسوف أرى في أيِّ مكانٍ هي موجودة، أرجوكَ اجلسْ وانتظِرْني. ذهب الطبيب وعاد ليخبره الصدمة، **فقال له:** إنَّ ابنتَك لم تمتْ، من قال لكَ بأنها تُوفِّيتْ؟

- إن موظَّفة الاستقبال هي من أخبرتْنا بأنَّ جميع الذين أحضروهم تُوفُّوا بسبب الانفجار.

- لا يا أخي لم يُتَوَفَّوا، فقط شخصٌ واحد الذي تُوفِّي بسبب التأثير الشديد للانفجار عليه.. عموماً تعال معي سوف أوصلُكَ لغرفة ابنتكَ. وذهب والد (بيداء) مع الطبيب، وعند دخوله للغرفة انصدمَ بسبب هول المنظر الذي رآه، جرحى كثيرون ومن بينهم

ابنته، لقد كانتْ تقريباً مشوَّهة، وجهُها مشوه بسبب شظايا الانفجار، وجميع جسدها مغطَّى بالشاش الخاصّ بالجرحى، لقد خفق قلب والدها خوفاً أن تكون ميتة.

ذهب وجلبَ والدتَها، لقد كانتْ تبكي من فرحتها بعودة ابنتها لهم، ولكن لم يعلموا أيَّ شيءٍ عن (أحمد)، ما الذي حصل له؟

والد ووالدة أحمد ذهبا ليتأكَّدا من خبر مقتل ابنهما، وهل هذا صحيح؟ بالفعل تُوُفِّي (أحمد) مُتأثِّراً بجراحه بسبب الانفجار الذي حصل، ولكن (بيداء) لم تكنْ تعلم بهذا الأمر؛ لأنها كانتْ فاقدةَ الوعي، وما زالتْ متأثِّرة بجراحها، وعدَّتْ أيّاماً طويلة وهي ترقد في المستشفى لتتعالج، وكانت هذه الأيام هي مراسم دفن وتشييع (أحمد) الذي فارق الحياة، وأخذ حبَّه مَعَه ورحل عن هذه الدنيا، ولم يكنْ لديها علمٌ بعد.

استمرَّتْ (بيداء) بالعلاج لما يقاربُ الخمسةَ عَشَرَ يوماً، وخرجتْ إلى منزلها وكلُّها أملٌ بالحياة، لقد أعطاها الله فرصة أخرى في هذه الدنيا، خرجتْ وهي تريد رؤية (أحمد).. "لماذا لم يحضُر لها ولم يرَها ولم يسألْ عنها طوال الفترة الماضية؟ علماً أنهم في المستشفى أخبروا والدها بأن يحافظوا على حالتها النفسية، لأن وضعها بعد هذا الحادث المؤلم صعب جدّاً.

تمالك والدها أعصابه ولم يخبرْها أي شيء محزن كيلا تُصاب بصدمة، ولكنّه كان يعلم باستشهاد (أحمد) بسبب الانفجار الذي

حصل، وكانتْ جالسة في منزلها، لا تخرج ولا ترى أحداً بسبب ما حصل لوجهها، وخوفها من أن ينبذها العالم إذا شاهدوها بهذا المنظر، كانتْ تعاني بسبب هذا الأمر، ولم تكنْ لديها الجرأة بعد لتخرج لهذا العالم.

كان لديها صديقة مقربة تتصل بها وتتحدث معها وتعطيها ما فاتها من دروسها، ولم تكنْ تضيع وقتها، كانتْ طوال الفترة وهي تكمل دروسها، وعادتْ إلى الجامعة بعد ما يقارب الشهر ونصف الشهر، وبدأتْ ترى النظرات إليها تغيَّرتْ؛ ليستْ كالسابق، هل هي نظرة خوف من وجهها الجديد؟ أم شفقة منهم؟ أم اشمئزاز؟ ولكنها كانتْ تتغاضى عن نظرات الناس الذين حولها، وتذهب إلى قسمها لتكمل مسيرتها الدراسية، ولكنها كانتْ تنتظر دخول (أحمد) إلى القسم في كل يوم، وهي بداخلها خوف من أن تسأل أحداً ما عن (أحمد)، وكانتْ في كلِّ مرَّة تسأل صديقتها "أين (أحمد)؟"، تقول لها "لقد رحل لمكان آخر"، ولكنها لا تخبرها بأن (أحمد) تُوُفِّي، ولكن في كل مرة لا يطمئنُّ قلبها لهذا الرد، ولكن لا تستطيع أن تقول شيئاً لها لأنه لديهم تنبيه سابقاً من قِبَلِ الطبيب بأن أي أمر يحزنها أبعدوه عنها ولا تخبروها بالأمور السيِّئة لسلامتها؛ لأنها لم تتعافَ بعدُ من صدمة وجهها. وتعود إلى منزلها وهي قلقة من أجوبة صديقتها عن (أحمد)، وعندما تتصل بها لتخبرها بالحقيقة نهائياً.. إلى أنه في يوم ما في الجامعة حضر والد (أحمد) ليسلِّم كتب

(أحمد) إلى إدارة الجامعة، ورأتْه (بيداء)؛ هي تعرفه منذ يوم قدومه لخطبتها، كانتْ فَرِحَةً جدّاً عندما شاهدتْه، فركضتْ مُسرِعةً باتّجاه والده وقالتْ له: مرحباً يا عمي! كيف حالكَ؟

- أهلاً يا ابنتي! من أنتِ؟ لم يعرفْها بسبب الحادث!

- أنا (بيداء) يا عمي، ولكن تعلم الانفجار الذي حصل هنا، لقد كنتُ من ضمن الجرحى وتَشَوَّهَ وجهي...

- أهلاً يا ابنتي.. وبدأ بالبكاء.

- ماذا بكَ يا عمي؟ لماذا تبكي؟ أنا أريد سؤالك عن (أحمد) لأنه لا أحد يخبرني أين (أحمد).

**استمرّ بالبكاء ثم قال لها:** في نفس الحادث الذي حصل كان من ضمن الضحايا (أحمد)، ولكنَّه تُوُفِّي متأثِّراً بجراحه. لقد كان وقع هذا الخبر كالصاعقة على (بيداء)، لقد سقطتْ في الأرض وفقدتْ الوعي، ودخلتْ في غيبوبة بعد أن سمعتْ بخبر موت (أحمد)...! لقد كان حبَّ حياتها، وكانتْ تتأمَّل أن يكون موجوداً، ولكنَّ خبر مقتله كان أكبر من أيِّ شيء آخر عليها، وعلى إثره أدخلوها إلى المستشفى في العناية المشدَّدة بسبب فقدانها الوعي، ومضى على هذا الأمر أكثرَ من ثلاثة أشهر، ولم تكنْ تعِ ما حولها، ووجهها استجاب للعلاج وعاد طبيعيّاً، ولكنَّها رفضَتِ العودة للحياة بسبب ما عانتْه بعد سماع الخبر.

على هذا الأساس وبعد طول انتظار، عادتْ لوعيها وهي فاقدة لجزءٍ كبيرٍ من ذاكرتها، حيث أنها فقدَتِ الذِّكرى التي جمعتْها بـ (أحمد) كلَّها، وعاشتْ على أنها لم تعرف (أحمد) لسنوات طويلة وهي لا تذكر شيئاً من الحادث، وتزوَّجتْ وأنجبتْ ثلاثة أطفال وكان إصرارها على تسمية الولد (أحمد) يشكِّكُ أهلها بأنها عادتْ لها ذاكرتها، ولكن لم يكونوا يعلمون بأنَّ العقل الباطن لا ينسى ولكن يتناسى، واستمرَّ هذا الحال إلى يومنا هذا حيث أنها عاشتْ بلا ذاكرة بعد فقدانها لحبيب حياتها.

وانتهى فصل آخر من فصول الحبِّ التي لا تكتمل.

# (قصي ونور الهدى)

في أحد أحياء بغداد كانتْ هناك فتاة تدعى (نورَ الهدى) في مقتبل عمرها، وكان لها ابن خالة اسمه (قصي).. كان يحبُّها جِداً ولا يَمْضي يومٌ بدون أن يذهب إلى بيتها كي يراها. وفي تلك الفترة كانتْ هي طالبة في الكلِّيَّة، وما زال لديها سنتان لتكمل دراستها، و(قصي) كان لديه ورشة عمل يدويّة كونَه ميكانيكيَّ سيّارات وخِرِّيجَ هندسة كهربائيّة.

ذاتَ يوم تقدَّم لخطبتِها ابنُ جارها (حميد)، الملقَّب بـ (حميد المجنون) لكونه كثيرَ المشاكل في المنطقة، ولكنَّ (نور) رفضتْه رفضاً قاطعاً وقالتْ له بأنها لا تريد الزواج لأنها تريد إكمالَ دراستها، وأكملَ كلُّ واحد طريقَه نحو مستقبله.

كانتْ هي تخجل من كلِّ الناس، ولا تخرج من منزلها لوحدها نهائيًّا، وإذا احتاجتْ لشيءٍ تخبرُ والدها لكي يحضره لها، لأنها لا

تحبُّ أن تضيعَ وقتها في الخروج من المنزل، تريد أن تكونَ المتفوِّقةَ في دراستها.

(لا يعرف الإنسانُ قدرَه وما الذي سيصيبه)

لا يمضي يومٌ بدون أن يراها، ولكنَّها مجرَّدُ نظرات خاطفة من بعيدٍ تكادُ أن تكونَ عبرَ المحيطات من شِدَّة الخوف.

كانتْ كلَّما تذهب إلى جامعتها تشاهد ابن خالتها يكون خلفَها من شدة حبه لها، يخاف عليها من نسمة الهواء، ولا يستطيع أن يتركها تذهب وتعود لوحدها، فهي حب الطفولة الذي كَبُرَ وكَبُرَ الحب معهم، وبعد أن يطمئنَّ عليها يعود إلى منزله.

التعوُّد على إنسان تحبه يصبح مثلَ المرض المزمن الذي لا تستطيع أن تتعالج منه، ويصبح مثل الرفيق الروحي لكَ ولجسدكَ، هكذا يشعر بعض الذين يكونون في علاقة حب طويلة ولها سنين.

بالرغم من أنَّ عائلة (نور) كانتْ مُنْفَتِحةً للحياة جدّاً، ولكنَّها كانتْ شديدةً بالتعامل مع الغرباء وأبناء خالاتها، فهي لا تريد أن تخسر ثقة أهلها بها، ولا سُمْعَتَهم بأن يقولوا كلاماً لا يليق بهم، حتى مع حبها الوحيد كانتْ لا تتكلم معه، ولكن نظرات عيونهم كانتْ تتحدث بدلاً عنهم، وبالطبع جميع من في منطقتهم لا يعرفون كم عدد البنات المتواجدات في المنزل، لأن البنات كثيرات الحذر.

في يومٍ، كانتْ (نور) بحاجة للذهاب إلى المكتبة ولكنّها لا تستطيع الذهاب لوحدها، فطلبتْ من أختها الأكبر منها والمتزوِّجة أن تذهب معها، وفعلاً ذهبتْ معها إلى المكتبة القريبة من منزلهم وكانتْ تبحث عن قرطاسيَّة محتاجة لها في جامعتها، وبعد أن أكملَتِ الشراء عادتْ إلى المنزل، وكان ابن خالتها في المنزل وهو غاضب لكونها خرجتْ وهو لم يكنْ يعلم، **وقال لها بعصبيَّة:** لماذا خرجتِ من المنزل ولم تقولي لي؟ وما الذي ينقصك سوف أذهب وأُحضرُه. هنا شعرتْ (نور) بالضيق من تصرُّفِه؛ أحسَّتْ أنه يريد سجنها، **فقالتْ له:** ولكني خرجتُ بموافقة أبي وأمي، فهم السلطة الشرعية لي وليس أنتَ. كان كلامها مثل الصاعقة على (قصي)، فهو لم يكنْ يقصد بأنه لا يريدها أن تخرج، ولكنه يخاف عليها من الذهاب، ولم تكنْ لوحدها، أختها كانتْ معها.

**قالتْ أمها له:** لا دَخْلَ لك أنتَ يا (قصي) بذهاب ابنتي إلى المكتبة.

**فقال لها:** أنا آسف يا خالتي، ولكني أخاف على بنات خالتي كثيراً مِنَ الناس في الشارع.

**ردَّتْ عليه خالتُه:** لا تتعب نفسك وتشغل بالك، أنا معهن دائماً، ولكنِ اليوم كنتُ مشغولةً، وذهبتْ أختها الكبرى معها وعادتْ، لا يوجد ما يدعو لكل هذه العصبية والقلق.

شَعَرَ (قصي) أنه جَرَحَ (نور) بكلامه معها وعَصَبِيَّتِه، ولم يستطعْ أن يفهمَها لماذا تصرَّفَ هكذا معها؟ فعاد إلى منزله وهو حزين.

وكانَتِ الإجازة الأسبوعية، ولم يأتِ إلى منزل خالته مع والدته وأخواته.. عندما شاهدتْ (نور) أن خالتها وبنات خالتها قد جاؤوا إلى منزلهم ولكنَّ ابن خالتها (قصي) لم يأتِ، حزنَتْ على غيابه، ولكنها لم تتكلمْ.

ابنة خالتها (نادية) أخت (قصي) طلبتْ منها أن تذهب إلى غرفتها ليتحدَّثا عن دراستِهما، وفعلاً ذهبتْ (نور) مع (نادية) إلى غرفتها، وجلستا تتحدَّثان عن الدراسة ومتى تنتهي، **وهنا قالتْ (نور) لنفسها:** لماذا لا أسأل (نادية) عن (قصي)؟ ولكن كيف سأسألها؟ لا أريدها أن تعلم بأنه يوجد شيءٌ بيني وبينه، ولكن اشتقتُ له.. وما الذي سيحصل؟ فلأسألْها وليطمئنَّ قلبي.

**نور:** (نادية) لماذا (قصي) لم يأتِ معكم؟ هل هو بخير؟ أم أنه مشغول؟

**نادية:** نعم (نور) إنه مريض جداً منذ يومين وهو يرقد في الفراش، وقلْنا له لن نذهب اليوم إلى بيت خالتي، وسنبقى معكَ في المنزل؛ لأنك مريضٌ جدًّا، رفض وأصرَّ على ذهابنا جميعاً.

- ماذا؟ مريض؟ ماذا به؟ ولماذا تركتموه لوحده في المنزل وهو مريض وبهذه الحالة؟ يا إلهي!

- ما بكِ (نور)؟ لماذا كلُّ هذه الأسئلة؟ ولماذا تضايقتِ؟ إنه أخي ودائماً يمرض ويعود من جديد وكأنما لا يوجد شيء.

- يا (نادية)، إنه (قصي)، ليس أيَّ أحد آخر كي لا أهتم.

- نعم أعلم أنه (قصي)، ولكن ما الجديدُ بذلك؟ نحن نأتي دائماً لمنزلكم، ولم نشاهدْكما مَرَّةً تكلَّمتُما مع بعضكما البعض، ما الجديد في ذلك؟

- حسناً (نادية)، انتهى الأمر، لا أريد التكلُّمَ، ولكن أرجوكِ اعتني جيِّداً به عند عودتكم.

- أكيد بالطبع، هو أخي، سوف أقوم برعايته بنفسي إذا تطلَّب الأمرُ والآن.

**وفي هذه الأثناء نادتْ خالتها على (نادية):** (نادية) أين أنتِ يا ابنتي؟ هيا لنعدْ، (قصي) مريضٌ جدّاً لا أستطيع تركه أكثر.

**فقالتْ والدة (نور):** ما بهِ (قصي)؟

أخبرتْها والدة (قصي) أنّه مريضٌ جدّاً منذ يومين.

**فقالتْ والدة (نور):** لقد استغربتُ من عدم حضوره معكم اليوم، ولكنه مريض، سلامي له وبالشفاء العاجل.

عند عودتهم إلى المنزل، (قصي) كان يهذي من شدة حرارة جسمه المرتفعة، **يهذي ويقول:** "أنا أحبُّكِ يا (نور)، لا أستطيع العيش بدونكِ، ولا أستطيع الزعل منكِ".

وبقي على قول "نور، نور، نور، نور".. بدأتْ والدته بالتخفيف من حرارة جسمه بالكمّادَات المبلَّلة بالماء البارد، وكانتْ فترة الصَّيف.

وبعد مرور ساعتين على تخفيف الحرارة، انخفضتْ حرارة (قصي) إلى الطبيعيّ، وعاد لوعيه، وكانتْ أمُّه تبكي من خوفها عليه، **فقال لها**: ماذا يبكيكِ يا أمي؟ لماذا تبكين؟ هل حصل شيءٌ لكِ؟

- لا يا بني، لم يحصلْ شيء لي، ولكنّي أبكي من خوفي عليكَ، لقد كنتَ تهذي وخفتُ أن يصيبَك مكروهٌ.

- ماذا؟ أهذي؟ ما الذي قلتُه وأنا أهذي؟

- لقد كنتَ تقول "أنا أحبك يا (نور) ولا أستطيع العيش بدونكِ ولا أستطيع الزعل منك".

ابتسمَ (قصي) خجلاً من والدته، **وقال لها**: نعم يا أمي، أنا أحب (نور) ابنة خالتي كثيراً، ولا أستطيع العيش بدونها، ولكن قبل يومين تهجَّمتُ عليها بالكلام وكانتْ عصبيَّةً معي جداً.

ضحكتْ نادية كثيراً، **وقالتْ له**: خفْنا كثيراً عليكَ، ولكن (نور) كانتْ أكثر خوفاً منّا عليك.

**قال لها**: ماذا؟ نور؟ ماذا بها؟

**قالتْ له (نادية)**: نعم، لقد كنتُ أتكلم مع (نور) عن الجامعة وسألتْني عنكَ، **قالت** : "لماذا لم تحضر معنا إلى منزلهم؟"، وأخبرتُها بأنكَ مريض جداً.

التفتتْ والدة (قصي) إلى (نادية): وأنا أقول لماذا كنتِ مع (نور) في الغرفة، ولماذا (نور) كان وجهها شاحباً وكأنها بكتْ!

قالتْ (نادية): نعم يا أمي، لقد كانتْ خائفةً جداً عليكَ يا (قصي).

ابتسمَ (قصي) عندما علم بذلك، **فقالتْ والدته:** هل تحبها يا (قصي) لهذه الدرجة؟

- نعم يا أمي، أحبها جداً.

**فأجابتْ (نادية):** نعم يا أمي، و(نور) تحبه كثيراً، لقد كانتْ فقط تسأل عن (قصي) ولا شيء آخر.

ضحكوا جميعاً بعد أن علموا بأن (قصي) يحب ابنة خالته.

**والدة (نور) ذهبتْ إلى غرفتها، وكانتْ تتحدث مع (نور):** ماذا بكِ يا (نور)؟ لماذا وجهكِ شاحب؟ هل أنتِ مريضة أو بكِ شيء؟

- لا يا أمي، أنا لستُ مريضة ولكني...

- ماذا بكِ يا ابنتي؟ لقد قلقتُ عليكِ.

- لا شيء يا أمي، ولكني قلقتُ على (قصي) فهو مريض ونحن معتادون على حضوره مع خالتي كلَّ إجازة أسبوع.

- ولكن هذه أول مرة أراكِ مهتمَّة لقدوم (قصي) إلى المنزل!

- نعم يا أمي.

- هل يوجد شيء لا أعلمه؟

**أجابتْها (نور):** حسناً يا أمي، سأخبركِ، ولكن عديني بأنَّ أبي لن يعلم شيئاً، أنا أخجل كثيراً منه.

- تكلمي لقد أرعبتِني.

- لا تخافي يا أمي، لا يوجد شيء يُقلِق، فقط أنا أحب (قصي) ولا يوجد بيني وبينه كلام، فقط نظرات متبادلة، وأفرح عند حضوره إلى المنزل.

**نظرتْ والدتها إليها وقالتْ:** حسناً، لقد خفتُ كثيراً، ولكن هذا خبرٌ مُفْرِحٌ أن تكوني من نصيب ابن أختي، ولكن هل (قصي) يشعر نفس الشيء تجاهكِ أم لا؟

- لا أعلم يا أمي، ولكن أنا أخبرتُكِ ما أشعر به.

**اتَّفقتْ والدة (نور)** معها على خطّة صغيرة لتعلم هل (قصي) يحبها أم يعتبرها أختَه.

انتظرتْ أن يأتي (قصي) إلى منزلهم وتتحدث معه، وعندما قَدِمَ (قصي) جلستْ خالته تتحدث معه، فقالتْ له: (قصي)! أريد أن أطلب منكَ شيئاً وأتمنى أن لا يكون ثقلاً عليكَ.

- خالتي، أنتِ تأمرين وأنا أنفِّذ. وهو مبتسم.

**قالتْ له:** يوجد شخص تقدم لخطبة (نور)، وأريد منكَ أن تسأل عنه، هل هو جيِّد...

أثناء تحدثها، (قصي) شعر بأن الدنيا اسودَّتْ في وجهه، ولا يستطيع الكلام.

**قالتْ له خالته:** ماذا بكَ يا (قصي)؟ لماذا هكذا شّحُبَ لونُكَ؟ هل ما زلتَ مريضاً؟

شعرَ بأن (نور) سوف تضيع من يده، **فقال لخالته:** ماذا تقولين؟ من هذا؟ ومتى أتى؟ ولماذا لم تخبروني من قبل؟ وكيف تقبلين أنتِ؟ وهل (نور) موافقة؟

- (نور) موافقتها من موافقة أبيها وأمها.

- أرجوكِ يا خالتي، دعيها تكمل دراستها أوّلاً، واتركي مسألة الزواج، ما زالتْ صغيرة، أرجوكِ، أرجوكِ.

كان يتوسل لخالته لتغلق موضوع زواج (نور)، وهنا عَلِمَتْ والدتها بأن (قصي) أيضاً يحبُّها ويريدها، **فقالتْ (لنور):** حسناً يا ابنتي، إنه يحبُّكِ مثلما تحبينه أنتِ، ولكن عليكِ أن تكملي دراستكِ أوّلاً، وبعدها لكلَّ حادث حديث.

**أجابت (نور):** بالطبع يا أمي، سوف أجتهد لأُكمِلَ ما تبقَّى لي من دراستي.

لم يبقَ على تكملة دراستها غير سنة واحدة فقط، تفصلها عن التخرُّج.

كانتْ هذه السنة جدّاً صعبة على (نور) و(قصي)، فهو تخرَّج والتحقَ بالخدمة العسكريَّة لكونه خريجَ جامعة.

وجاءَ يوم التخرُّج، لقد كان يوماً مميَّزاً جدّاً بالنسبة لـ (نور) و(قصي).

بعد انتهاء حفلة التخرّج عادوا إلى المنزل، وجاءتْ خالة (نور) إلى منزلهم مع زوجها وبناتها وأولادها الأصغر من (قصي)، وتقدَّموا رسميّاً لخطبة (نور) من والدها ووالدتها، لقد كانتْ مفاجأة بالنسبة لـ(نور)، لأنها لا تعلم بأن (قصي) سوف يتقدم لها فور تخرجها، فقالتْ خالتها: لا نريد التفريط بـ (نور) بيننا. وكان والدها سعيداً جدّاً بهذه الخطبة، لم تذهبْ لشخص غريب أو غير مناسب لها أو للعائلة.

وبعد مرور تسعة أشهر على خطبتهما، في يومٍ ربيعيٍّ بهيج من شهر آذار، والكلُّ كان سعيداً ومستعدّاً لحفل زفاف (قصي) و(نور الهدى).. لكنَّ الأقدار كانتْ تخبِّئ شيئاً آخر لم يكنْ أحد يتوقَّعه. في الساعة الرابعة بعد الظهر، اصطفَّتِ الكراسي أمام منزل (قصي) في الفرع المقابل لمنزل (نور)، وكان (قصي) مليئاً بالبسمة التي لم تفارقْ شفتَيه، فهو سيتزوج بمن أحبها وسيتحقق حلمه أخيراً بعد طول انتظار، إذ سيضمُّهما سقف بيت واحد. لقد أحبَّ كلُّ من (قصي) و(نور الهدى) بعضَهما منذ الصِّغر، بدأ كحبِّ طفولةٍ لكونهما أبناءَ خالة، وبعد أن نَضَجا نَضَجَ الحبُّ معهما وكَبُر.

كان ما يفصل بين منزل (قصي) وحبيبته (نور) هو فرع، تقدَّم لخطبتها مباشرةً بعد إكماله الخدمة العسكرية وتخرُّجِها من

الجامعة ولكونه خرّيج جامعة فبعد إنهائه الخدمة تم تعيينه، ومع تسلُّمِه أوّلَ راتب ذهب وخطب من يحب، وكان (قصي) قد أعدَّ كلَّ لوازم الزواج قبل الموعد بفترة، حتى غرفة النوم وتوابعها وذلك بمساعدة والده الذي تكفَّل بالناحية المادية.

وفي المقابل، كانتْ (نور) قمّةً في الجمال، ذات طباع هادئة يكسو الخجل وجهها، انقطعتْ لفترة طويلة عن رؤية (قصي)، إذ كانا لا يشاهدان بعضهما إلا عند الخروج صباحاً للدوام، فيتبادلان النظرات الخجولة خلسةً، وكانتْ ترفض (نور) أن يزورها (قصي) في كلِّيَّتِها حفاظاً على سُمْعَتِها وسط زملائها، لكن الآن سيتحقق الحلم الذي انتظراه طويلاً.

كان كل شيء يسير بهدوء وسلام رغم صخب المحتفلين لحفل الزفاف. تم عمل وتزيين كرسي العروسين أمام منزل (قصي)، كانتْ أصوات الزغاريد تملأ المنطقة، خرج العريس بكامل أناقته وبقيَتِ العروس في منزل أهلها تحتفل بها قريباتها وقريبات (قصي)، حتى حانتْ ساعة خروجها لتجلس وسط الكرسي (الكوشة)، وكانتْ (نور الهدى) تُبهر الأنظار بجمالها رغم حجابها، ورغم أنَّ زينتها لم تكنْ مبهرجة.

جلستْ وإلى جوارها (قصي)، كانا يتبادلان الابتسامات بخجلٍ، وينتظران لحظة انفرادهما ببعضهما وعلى سنة الله ورسوله.

وسط ذلك دوى صوت إطلاق ناري، صَكَّ أسماع الجميع الذين تفرقوا يمنة ويسرى، لكن الصدمة والكارثة أن تلك الإطلاقة التي لم يعرفوا مصدرها قد أصابَتِ العروس (نور الهدى) في قلبها مباشرةً.

تجمع الحضور حول (نور الهدى) الغارقة بدمائها وهي تنازع الموت؛ أما (قصي) فلم يصدق ما رأته عيناه، في البداية تسمَّرَ في مكانه ولم يتحرك، وكأن على رأسه الطير، بعد لحظات حَضَنَ (نور الهدى) وبكى مثلما لم يبكِ طيلة حياته.

أسرع أخو (نور الهدى) إلى سيارته للإسراع بأخته إلى أقرب مستشفى، فهي بَعْدُ لم تفارِقِ الحياة، تمَّ وضع (نور الهدى) في المِقعد الخلفيِّ للسيارة، كانتْ لا تزال تنازع وشفتاها تتحرَّكان بما لم يفهمْه أحد، وضع (قصي) رأسها في حجره ودموعُه لا زالتْ تسيل وتسقط على وجه (نور الهدى) في الطريق للمستشفى، وتحديداً عند البوّابة الخارجية للمستشفى، لفظتْ (نور الهدى) أنفاسها الأخيرة، عندها انهار (قصي) وأصبح كالمجنون، مزَّق حتى قميصه الذي تلطَّخَ من دم العروس (نور الهدى).

تم أخذ الجثة إلى المشرحة من أجل استخراج العيار الناريّ لتحديد نوعه على وجه الدقّة، لعلّ ذلك يقدم المساعدة للمحققين للكشف عن المجرم الحقيقي، وبيان السبب وراء ارتكابه لهذه الجريمة المروّعة، وما الدافع لذلك.

في صباح اليوم التالي، لم يتمَّ تسليم جثمان (نور الهدى) لأهلها كما هو متوقَّع، وإنما تم تسليم الجثمان بعد ثمانٍ وأربعين ساعة من ذلك، وتمَّ تبليغ ذويها أنَّ هذا هو الإجراء الروتيني المُتَّبع.

توجَّه أهل (نور الهدى) وأصرَّ (قصي) الذي كان بوضعٍ مُزرٍ جدًّا على التوجُّه معهم للمقبرة، كان أهلُها متأثرين جداً، لكن مع هذا كان وضعُهم لا يُقارن بـ (قصي) الذي فقد حتى القدرة على الكلام، كان صامتاً تماماً، فقط كانت عيناهُ تتكلمان حيث لم يتوقَّفْ عَنِ البكاء طيلةَ وجودِهم في المقبرة.. لكن من يلومه؟ لا أحد، فقد كان الموقف صعباً فعلاً، والمصائب تهدُّ حتى أقوى الرِّجال، فكيف بـ(قصي) صاحب الإحساس المُرهَف؟!

مضتْ أيَّامٌ على حادثة مقتل (نور الهدى)، وانتهى مجلس العزاء، وحتَّى الآن لم تصِلِ الشرطة لشيء رغم التحقيقات عن الجاني، لكن فوق الجميع هناك ربٌّ رقيبٌ حسيب، ولا بد أن تُكشَف الأحداث ويُعرَف الجاني.

كانتْ غرفة (نور الهدى) والتي تجمعها بـ(سميرة) في منزل أهلها في الطابق العلويّ، لكن إلى الآن لم يجرؤ أحد من أشقّائها الثلاثة أو شقيقاتيها أو (أماني) المتزوجة أو (سميرة) التي لم تنمْ في الغرفة منذ مصرع (نور الهدى) بل إنها لم تدخُلِ الغرفة أصلاً. لكن بعد نحو أسبوع قرّرتْ (سميرة) دخول الغرفة. أما الأم فكانتْ مذهولة من كلِّ ما جرى، وحالها كحال الأب، قرَّرتْ (سميرة) أن تفتح غرفة

المرحومة (نور الهدى) لتسترجع ذكرياتها معها، فهي لا تستطيع البكاء كما تريد أمام والدتها المريضة والتي هدَّها مصاب (نور الهدى)، دخلتْ (سميرة) وأقفلتْ عليها الباب وبكتْ مثلما لم تبكِ حتى حين جاؤوا بجثمان (نور الهدى) للمنزل. بعد ذلك أخرجتْ (سميرة) مُجَلَّد الصور وشاهدتْ صورهما معاً وضحكاتهما وذكرياتهما المشتركة، إذ كان الفاصل العمري بينهما سنتَين فقط. قامتْ (سميرة) باستخراج إحدى الصور من المجلّد إذ أرادتْ تقبيلَ أختها، وهنا وجدتْ تحت الصورة رسالة كانتْ عينا (سميرة) مليئتَين بالدموع، فلم تستطعْ قراءة الكتابة، مسحتْ دموعها بكفيها وقرأتْ الرسالة فذهلها ما قرأتْ.. خَرِسَ لسانها فلم تستطع أن تتحرك لهول الصدمة بسبب فحوى الرسالة؛ إنها رسالة من (حميد)! نعم من (حميد)، إنهُ جارهم في الشارع المقابل، والذي تقدم لخطبة (نور الهدى) قبل سنتين، ولكن (نور الهدى) وأهلها رفضوه في حينها، فبعد أخذ رأي (نور الهدى) في حينها، قالتْ أنها تريد استكمال دراستها ولا تفكِّر بالزواج الآن.

لكن ما هو فحوى الرسالة؟ لقد كانتْ عبارة عن تهديد صريح بالقتل أن أتمَّتْ (نور الهدى) فكرة زواجها من (قصي)، وكان تاريخ الرسالة ما قبل الزفاف بنحو أسبوعَين فقط.

في الرسالة ذكر (حميد) بأنه يحبها حبّاً جُنونيّاً، وهو لا يعرف لماذا تصدُّه ولماذا لا تبادله نفس المشاعر؟ وهل ينقصه شيء لتحب

غيره؟ وهل قصي أفضل منه لتفضّله عليه؟ ويبدو أن (نور الهدى) أخذتْ تهديد (حميد) على أنه مجرَّد تهديد لا أكثر، لن يقدِّم أو يؤخِّر، أسرعتْ (سميرة) للاتصال بشقيقها الأكبر وطالبتْهُ بالحضور للمنزل.

فوراً حضر الأخ بسرعة، لكن قرر الانتقام لأخته بنفسه بعدما أخبرتْه الأخت بفحوى الرسالة، لكن وسط توسُّلات الأم التي لا تريد أن تفقد ولداً إلى جانب ابنتها (نور الهدى) التي فقدتْها، قرَّر الأخ أخذ الرسالة إلى مركز الشرطة المسؤول عن التحقيق بمقتل (نور الهدى) من أجل فتح التحقيق من جديد، فقد كان التحقيق على وشك الانتهاء وبدون نتيجة، وكانَتِ الجريمة ستُقَيَّد ضدّ مجهول.

فوراً قامَتِ الشرطة باستدعاء (حميد) الذي أنكر صِلَتَه بالموضوع، وأن كل ما في الموضوع هو مجرد تشابه أسماء ليس إلا، فهناك ألف (حميد) غيره، لكن تم استدعاء خبير الخطوط وتم التأكد وظهر أن خطه متطابق مع خط من كتب الرسالة.

وهنا انهار (حميد) وبدأ بسرد القصة، وتبين أنْ وقبل نحو أسبوعَين وصله خبر عقد قِران (نور الهدى) على (قصي)، وهنا فارَ الدم بعروق (حميد)، وهاج وماج وقرَّر الانتقام لكرامته فـ (نور الهدى) كانتْ قد رفضتْه قبل عامَين، ولازال الموضوعُ يشكِّل هاجساً مُزعِجاً له، حتى أنّه لم يتقدَّمْ لخطبة فتاة أخرى خوفاً من

نفس النتيجة، وهنا قرَّر كتابة رسالة التهديد لـ (نور الهدى)، لكنَّ المشكلة تكمن في أنه كيف سيتمكن من إيصال الرسالة لـ (نور الهدى) التي لا تغادر المنزل إلا نادراً.

بعد أيام من كتابة الرسالة، شاهد (حميدٌ) (نور) تدخل للأسواق الواقعة أمام منزل (حميد)، كانتْ عبارة عن (سوبر ماركت) كبير خاص باللوازم المنزلية، وكانت (نور الهدى) تشتري منه بعض مستلزمات الزواج البيتيَّة، وكانتْ بصحبة شقيقتها. دخل (حميد) الأسواق بحجة التسوق، وبينما كانتْ أختها تتكلم مع البائع، دسَّ (حميد) الرسالة بيد (نور الهدى) التي اصفرَّ لونها على حدِّ قول (حميد) وتجمَّدتْ في مكانها، ثمّ خرج (حميد) متظاهِراً أنه لم يجِدِ السلعة التي يبحث عنها.

(نور الهدى) لم تخبرْ أحداً بالرسالة التي وضعتْها داخل حقيبتها، وشاء القدر ألا تتخلص منها بعد قراءتها لتُكْشَفَ خيوط الجريمة فيما بعد.

تمَّتْ إحالة أوراق (حميد) إلى محكمة جنايات الرصافة، والتي حكمتْ بإعدامه شنقاً، وتم تنفيذ الحكم قبل احتلال (بغداد) بحوالي تسعة شهور لِمَا سوَّلتْ له يداه بقتل إنسانة بريئة كل ذنبها أنها رفضتْه.

ومن الحب ما قتل!

# (عمر وتاليا)

بدون ملل ولا كلل

كان يوماً مُمَيَّزاً من بداية سنة جديدة، حيث كانتْ (تاليا) تَتَزَيَّنُ لحضور حفلٍ مُمَيَّزٍ بهذا اليوم، والحفل هو للفنان (كاظم الساهر). لم تكنْ تعلم (تاليا) أن بعد انتهاء حفل (كاظم) يوجد شيءٌ جديد سيغير حياتها من بعدها إلى الأبد، وبالفعل عند انتهاء الحفل وخروجها من الحفل التقتْ صدفةً بـ(عمر)، حيث أنهما في دولة أخرى ليستْ بلدَهما، ولم تكنْ تعلم هل هو ابن بلدها أم لا، وفعلاً التقتْ به ولكنها لم تكن جريئةً معه لكي تأخذ رقمه أو أن تتحدَّثَ معه.

ومرَّتِ الأيام والتقتْ بصديقة لها قديمة لم تكن تعلم أنها إحدى قريباته، وعند وجودها في المتجر الذي تقابلتْ مع صديقتها، حضر (عمر) مع أصحابه وقام بالسلام على صديقة (تاليا)، انصدمتْ (تاليا)؛ كيف يعرفها؟ هل بينهم علاقة أم ماذا؟ ولماذا ابتسم عندما رأى (تاليا)؟ فقالتْ صديقة (تاليا) لها: أعطني

رقمَكِ الجديد، لأنني قمتُ بتغيير رقمي ولا أعلم رقمَكِ، فأعطتْها (تاليا) رقمها الجديد وعادتْ إلى منزلها، وبعد حوالي ساعتين من عودتها إلى المنزل اتصلتْ صديقتها بها وأخبرتْها برغبتها بلقائها في المقهى في وقت لاحق، على أن تكون مُتَفَرِّغةً كلّيّاً في يوم اللقاء. وفعلاً تمّ تحديد يوم لقاء بين (تاليا) وصديقتها، وذهبتْ لرؤيتها، وكانَتِ المفاجأة أن عمر كان مع صديقتها في هذا المكان، ومن صدمتها كانت تريد الرجوع، ولكن (عمر) أصرَّ عليها بالبقاء للتحدث معها بخصوص كثيرٍ من الأمور، واقتنعتْ (تاليا) بالجلوس وسماع (عمر) للنهاية.

وفي أوَّل جلوسها نظرتْ إلى (عمر) وكأنها تنظر إليه لأول مرة وقالتْ له: تفضَّلِ الآن يمكنكَ التحدث فيما تريد.

**عمر:** في بداية حديثي أريد أن أسأل عنكِ، كيف حالكِ؟

**تاليا:** أنا بخير والحمد لله.

**عمر:** الحمد لله أنكِ بخير.

**تاليا:** نعم (عمر)، تفضَّلْ.

**عمر:** لن أُطيل بالحديث عمَّا في داخلي، ولكن ينتابني شعور بالقلق حيال ردَّةِ فعلكِ.

**تاليا:** لماذا أنتَ قَلِق؟ هل الحديث الذي سوف تخبرني به يسبِّبُ قلقاً أو ردَّ فعل غير طبيعي؟

**عمر:** لا ليس هكذا، ولكن أريد التحدُّثَ بكلِّ راحتي وبدون خوفٍ أو قلق.

**تاليا:** حسناً إذن، تحدّث وأنا سوف أكون كلي آذاناً صاغية.

**عمر:** (تاليا) أنا مُعجَب بكِ منذ أوَّل مرَّة التقيتُ بها فيكِ، ولكوني لستُ إنساناً جريئاً بطبعي، لم أستطعْ أن أطلب منكِ رقم هاتفكِ، والصدفة التي جمعتكِ مع ابنة خالتي زادتْ من جرأتي، فقرَّرتُ أن أصارحكِ الآن وأتمنى أن لا تردي الآن على طلبي وأن تُفكِّري قبل الرد.

(تاليا) هنا انصدمتْ من الكلام، لأنها كانتْ مُعْجَبَةً جداً به، ولكنها تخجل أن تعترف بهذا الأمر.

**تاليا:** حسناً سوف أفكِّر في كلامكَ قبل أن أُجيبَكِ.

**عمر:** أشكركِ على تفهُّمكِ، وأعدُكِ بأنني لن أُخَيِّب آمالكِ.

**تاليا:** أتمنى هذا الأمر.

بعد الرد الأخير لـ(تاليا)، تأكَّد (عمر) بأن (تاليا) هي أيضاً معجبةٌ به ولكنَّها تخجل أن تقول هذا الأمر.

وبعد مرور يومين على هذا اللقاء، ذهبتْ (تاليا) إلى حديقة قريبة من منزلها مع أخيها الصغير ليلعب في الحديقة، واتصلتْ بها صديقتها (نور) وسألتْها: أين أنتِ؟ وماذا تفعلين؟ هل أستطيع القدوم إليكِ؟

**فقالتْ لها (تاليا):** أنا في الحديقة أتنزَّه مَعَ أخي، إذا كان يعجبكِ يمكنكِ القدوم إلى هنا. وفعلاً حضرتْ (نور) إلى الحديقة ولكن كان برفقتها (عمر)، ولكنه بقي في مكان بعيد لكي لا تغضب (تاليا) من (نور) بسبب حضور (عمر)، فجلستْ (نور) تكلم (تاليا) عن (عمر) وعن حبِّه لها وإعجابه بها وكيفَ يسألها طوال الوقت عنها، فقالتْ (تاليا) لـ(نور): (نور) هل (عمر) صادق بمشاعره تجاهي؟

**نور:** صدقيني يا (تاليا)، إنه صادق معكِ بكلِّ حرفٍ يتكلَّمُ به ولكنَّه كثيرُ الخجل.

**تاليا:** حسناً ولكني أخاف كثيراً من هذه العلاقات، فأنتِ تعلمين أنَّ النهاية ليستْ جميلةً كما الأفلام.

**نور:** لماذا كل هذا التشاؤم؟ يمكن أن تكون نهايتكم جميلةً مع بعضكما.

**تاليا:** لا أعلم، ولكن أنا أفضفض لكِ ما يدور في رأسي علماً أنني أثق بكِ.

**نور:** حسناً، لماذا لا تعطيه فرصةً صغيرة ليثبت لكِ أنه صادق معكِ؟

**تاليا:** نعم لقد فكَّرتُ بالأمر وسوف أعطيه فرصة ولكن لو حدث أي شيءٍ سيّءٍ سوف أنهي العلاقة وبدون عودة.

**نور**: بالتأكيد، فهذا الأمر من حقِّكِ، ويجب أن يكون محل الثقة الكاملة، والآن هل يستطيع الحضور ليتحدث معكِ؟

**تاليا**: هل هو هنا الآن؟

**نور**: نعم لقد حضر، ولكنَّه بَقِيَ جالساً بعيداً كي لا يزعجك أو أن يضايقك أو يؤثر على قرارك.

**تاليا**: نعم اتصلي به وأخبريه أن يحضر.

وهنا حضر (عمر) وبدؤوا بالحديث والابتسامةُ لا تفارقهما، وكأنهم طيور الحب الذين نسمع عنهم. وأثناء الحديث طلب منها رقمَ هاتفها ليتواصل معها يوميًا، وفعلاً قامتْ (تاليا) بإعطائه رقمَ هاتفها، وتأخَّرَ الوقت وكان يجب أن تعود (تاليا) إلى المنزل هي وأخوها، فطلب منها أن يقوم بتوصيلها، وتكون (نور) معهم تجنُّباً للمشاكل. أوصلها إلى المنزل مع أخيها، وذهب مع ابنة خالته إلى بيتهم. وفي الطريق (عمر) سَأَلَ (نور): ماذا قالتْ (تاليا)؟ وكيف تقبَّلَتِ الأمر؟ وكيف اقتنعتْ؟ وبَقِيَ يسألها أسئلة كثيرة، (نور) ثارتْ عصبيَّتُها بسبب كثرة الأسئلة، فقالتْ له: كنْ رجلاً معها وصادقاً، هذا فقط ما تريده منكَ، ولا تريد أكثر، كنْ صادقاً معها فهي كثيرة الحساسية تجاه الأمر.

**فقال لها عمر**: أنا مُعجَبٌ بها، وإذا أحببْنا بعضنا سوفَ تكون هي كلَّ حياتي.

فقالتْ له (نور): حسناً انتبهْ لها ولا تحاولْ أن تزعجها أو أن تخيّبَ أملها.

فقال لها (عمر): وهل ظنُّكِ بي بأنني سوف أجرحها؟ أنا أحبها كثيراً.

ذَهَبَ إلى منزله (عمر) وهو يفكر بكلام (نور) معه ويفكر بـ (تاليا)؛ ماذا سيحصل معهم بعد أن اعترف لها بحبه؟ ولكنه يخشى الفشل بهذا الأمر.

وعند وصوله إلى غرفته تجرَّأ واتصل بـ (تاليا)، وبدأ يتحدث معها وعن هذا اليوم المُميَّز، أخبرتْه بأنها فَرِحَةٌ جدّاً وسعيدة بهذه الخطوة، ولكنها تخاف من أن يفترقا بسبب ظرفٍ ما، ولكنه طمأنها بأنه سوف يكون بجانبها دائماً وأبداً. وهكذا هيَ اطْمَأَنَّتْ على بداية هذه العلاقة. واستمرَّ الاتصال إلى ساعة متأخِّرةٍ جدّاً من هذا اليوم، حيث أنهما أغلقا الهاتف ما يقارب الساعة الخامسة فجراً.

ذهبتْ (تاليا) إلى الجامعة في اليوم الثاني، حيث أنها يجب أن تكمل دراستها. ووالدتها توصلها إلى الجامعة كلَّ يومٍ قبل دخولها إلى القسم الخاصّ بها، اتصل بها (عمر) وكانتْ قَلِقَةً ما بين أن تجيبَ على الهاتف أو ألا تجيب وتدخل إلى الجامعة؛ لأنه لديها محاضرات جداً مهمة في هذا اليوم، ولكنها تكلمتْ معه وأخبرتْه بأنها الآن لديها محاضرات ويجب أن تقفل الهاتف. وفعلاً أقفلَتِ الهاتف وأكملت دراستها وعادت إلى منزلها، بعد أن أكملتْ جميع

المحاضرات. وعندما خرجَتْ من القسم اتصل بها (عمر) وعرض عليها أن يوصلها إلى المنزل، ولكنها كانتْ تخاف أن تشاهدها والدتها وتصبح لديها مشكلة كبيرة معها، فرفضَتِ التوصيل وقالتْ له: لا أستطيع، فوالدتي لا تقبل أن أفعل مثل هذا الأمر مع رجلٍ غريب، مهما كان أنا لا أعرفكَ جيِّداً، أرجوكَ اعذرني، ولا تطلبْ هذا الأمر منّي مرَّةً أُخرى. احترمَ رغبتها، ولم يخالفْ هذا الأمر، وعادتْ إلى المنزل بسيارة الأجرة واتصلتْ بوالدتها وأعلمتْها إلى المنزل لكيلا تبقى بقلق وهي في عملها.

بعد هذا عاد أخوها إلى المنزل من المدرسة، وبعدها اتصل بها (عمر) واستمرَّ اتصالهما ساعاتٍ مُطَوَّلة، وكانتْ والدتها تتصل بها ويكون الرقم مشغولاً، وبعد أن أغلقَتِ الهاتفَ اتصلَتْ والدتها بها وكانتْ حالتها وهي متوترة جدَاً بسبب هذا الأمر، (تاليا) أخبرتْ والدتها أنها كانتْ تُكَلِّم صديقتها لكيلا تكون في موقف صعب، أو أن يحصل لها مشكلة مع والدتها عند عودتها.

استمرَّ هذا الوضع على ما هو عليه حتى جاء اليوم الذي كان (عمر) و(تاليا) مع بعضهما في نزهة في أحد شوارع (دبي) الراقية في جوٍّ رائع، حيث أنه ربيع. جلسا يتحدثان مع بعضهما، ويقول لها: (تاليا) أنا أُحِبُّكِ، واليوم أنا أعترف لكِ بحبي؛ لأنني لا أستطيع أن أُخْفِيَ هذا الأمر أكثر من اللازم، وأُريد أن تكون علاقتنا مُعْلَنَةً أكثر من الخفاء، لأنني لا أريد أن أخسَرَكِ. وهنا كانَتِ الصدمة لـ(تاليا)،

حيث أنها لم تتوقَّعْ هذا الكلام من (عمر) أبداً، لأنه مرَّ على علاقتهما أكثر من تسعة شهور ولم يتحدَّثْ معها عن مشاعره أكثرَ من الاشتياق فقط.

**فقالتْ له:** وهل تحبني حُبّاً حقيقيّاً وبه تضحيات، أم أنه حبٌّ مُؤَقَّت؟

انزعج (عمر) من كلام (تاليا) معه، **وقال لها:** كيف تفكرين هكذا معي؟ أخبرتْه بأنها لا تفكِّر بشيْءٍ سيّءٍ، ولكنها تخاف من هذه الاحتمالات في حياتها، **قال لها:** لا يوجد شيء لتخافي منه، وسوف نستمر وسوف تشاهدين كيف أن علاقتنا هي الأجمل على الإطلاق.

بعد هذا ذهبتْ (تاليا) لطلب عمل في إحدى الشركات الإعلامية الكبرى في (دبي)، وبعد أن تمَّتْ مقابلتها وافقوا على طلبها وبدأتْ بالعمل وهي متفائلة بهذا العمل، وعند خروجها من المقابلة اتصلت بـ (عمر) وهي فَرِحةٌ جدًّا، وأخبرتْه بأنها سوف تبدأ بالعمل خلال عشرة أيام إلى خمسة عشر يوماً. وفعلاً بعد هذه المدة بدأتْ بالعمل، وكانتْ تنظر إلى حياتها؛ الآن بدأتْ تتغير للأفضل، ولكن (عمر) ما زال بدون عمل، ولا يستطيع تكملة دراسته، ولكنه يحب (تاليا) كثيراً ويخاف عليها.

كانتْ (تاليا) تذهب إلى عملها في بداية الأيام مع والدتها، توصلها إلى مقر العمل، وبعدها عَلِمَتْ من إدارتها أنه توجد حافلة لنقل الموظفين من مكان سكنهم إلى العمل، وطلبتْ منهم أن

تأخذها معهم، وهكذا كان، حيث أنها تذهب وتعود من عملها في حافلة العمل..

كانتْ مرتاحة جدّاً، ولكن بعد مرور عامين على عملها وذهابها في الحافلة وعودتها بها، إدارة المؤسسة أخبرتْها وأخبرتْ باقي الموظفين بأنه سوف يتم توقيف جميع حافلات الموظفين، وأنه يجب عليهم أن يُنَظِّموا سيارة لتوصيلهم، وكان هذا الأمر صعباً على (تاليا)، لأنها لا تعلم ماذا سوف تفعل بخصوص هذا الأمر، ولكن أَعْلَمَها أحد الموظفين أنه يوجد موظف معهم يذهب لعمله ويعود ولديه سيارة، إذا كانت ترغب بالدفع له، سوف يحضر لها.

واستمرَّتْ على هذا الأمر إلى أن قرَّرَتْ في يوم أن تذهب إلى مكتب تسجيل طلب رخصة قيادة جديدة، وبعد اختبار الإشارات والذي نجحتْ به، بدأ تدريبها على القيادة، وأتقنَتِ القيادة خلال فترة التدريب الذي كان مطلوباً منها، وذهبت إلى الاختبار وهي فَرِحَةٌ بأنها سوف تنجح، ولكن بعد الاختبار أخبروها بأنها فَشِلَتْ في الاختبار، فشعرتْ بالإحباط الكبير لهذا الأمر، وقرَّرَتْ أن تترك التدريب لفترة، وبعد هذا حصل حادث مع (عمر) وعلى إثره دخل السجن فترةً.

كانتْ حياتها جيِّدةً إلى أن دخل (عمر) السجن، فهنا بدأَتِ التعاسة، وشعرتْ بأن حياتها توقفتْ، وكلّ شيء أصبح لونه أسوداً، وكل ما يشغل بالها هو كيف سيتم حل هذه المشكلة وكيف

سيخرج (عمر) من السجن، فقرَّرَتْ ألا تذهب إلى أيِّ مكان به حفل أو خروج لأيِّ منتزه أو مركز تسوق، فقط تذهب إلى عملها وتعود.

بعد أسبوع من خبر دخول (عمر) السجن، ذهبتْ (تاليا) إلى السجن الذي يتواجد به، وطلبتْ منهم أن تقابله، وتمَّ إعطاؤها سماحاً في أحد الأيام للزيارة، وفعلاً حضرتْ على الوقت لزيارته وجلستْ تتكلَّم معه.

**تاليا:** ماذا حدث (عمر)؟ لماذا أنتَ هنا؟

**عمر:** لقد بدأتُ بالعمل في إحدى الشركات، ولكن فجأةً جاءَتِ الشرطة إلى الشركة وتم اعتقالنا جميعاً ولا أعلم لماذا.

**تاليا:** ماذا؟ لغاية الآن لا تعلم لماذا تم اعتقالك؟

**عمر:** لا، الآن علمتُ بعد أن أخبرنا ضابط التحقيق أن الشركة تقوم بأعمالٍ أغلبها أوراقها مُزَوَّرة.

**تاليا:** تزوير في الأوراق الرسمية للشركة؟

**عمر:** نعم تزوير بالأوراق الرسمية.

**تاليا:** ولكن لماذا يعتقلونكم جميعاً؟ أَلَا يجب أن يعتقلوا فقط صاحب الشركة، أو الأشخاص المَعْنِيِّين بهذا التزوير؟

**عمر:** نعم هذا الأمر أكيد، ولكن يجب أوَّلاً أن يتمَّ اعتقال الجميع، ومن لم تثبت عليه إدانة سوف يخرج بالتأكيد.

**الضابط:** انتهى وقت الزيارة، يجب أن تغادري الآن (تاليا).

**تاليا:** نعم.. نعم، أشكركَ، نعم، سوف أخرج الآن.

**عمر:** انتبهي على نفسِكِ وسوف أتصل بكِ بأقرب فرصة.

واتفق (عمر) و(تاليا) على كتابة مذكراتهما اليومية وتسليمها كل أسبوع لمأمور السجن حتى يقرؤوا كيف يمر اليوم وهما بعيدان عن بعضهما، وتحكمهما قبضانٌ من حديد. وبدأتْ (تاليا) تكتب له ماذا فعلتْ خلال هذا اليوم.. واليوم الذي بعده، وكان (عمر) يكتب لها كيف يقضي يومه داخل السجن ومع أناس غريبين عنه، وأغلبهم مجرمون فعليًّا.

ومع نهاية الأسبوع جاء يوم الزيارة، ذهبتْ (تاليا) في الوقت المُحَدَّد للزيارة، وعندما دخلتْ كان يتواجد هناك أخواته وأزواج أخواته قد جاؤوا للزيارة، وانتظرتْهم أن يخرجوا ودخلتْ هي لتتحدث معه، وكان فَرِحَاً جدّاً بالزيارة وتحدَّثا لمدة ساعةٍ كاملة وسَلَّمَتِ الدفتر إلى المأمور وأعطاها المأمور الدفتر الذي كتب به (عمر)، وبعد ذلك عادتْ إلى المنزل وبدأتْ تكتب له عن هذا اليوم والأيام التي بعده، وكانتْ تقرأ كلماته وهي بقمة الحزن على فراقه، والألم يجرح قلبها من شدة الفراق، ولكنها كانتْ تستجمع قواها من خلال الكلمات التي يكتبها لها (عمر) في كلِّ يوم من خلال الزيارة الأسبوعية له في السجن الذي كان به.

وتمرُّ الأيام ويأتي الأسبوع الذي يليه وهكذا، وكانتْ تنتظر أيَّ إشارةِ أمل لخروجه، فقد أصبحتْ حياتها مستحيلةً بدونه، ولكن

تشاء الأقدار وأن يستمر اعتقاله لمدة ثلاثة شهور، وبعدها تم الإفراج عنه بعد أن تمَّتْ تبرئته من جميع التهم، ولكن الإفراج عنه استغرق أكثر من أربعة أيام وكانتْ هذه الأيام وكأنها أربع سنين، وكانتْ تنتظر (تاليا) اتِّصالَ (عمر) بها عند خروجه ولكنه لم يتَّصلْ، وذلك بسبب عدم خروجه الذي استغرق أيَّاماً.

بعدَ هذا تمَّ الإفراج عنه، وعند عودته إلى المنزل اتَّصل (عمر) بـ(تاليا)، ولم تصدِّقْ (تاليا) أنَّ رقم (عمر) الذي يتصل بها، وكانتْ الأرض لا تَسَعُها من فرحتها، وفعلاً خرجتْ مُسرِعةً تريد أن تلتقي بـ(عمر)، وعند أوَّل مشاهدة لهما أمسَكَ يدَها وقبَّلَها، وقال لها بأنه يحبها، وكأنَّه أول مرة يحب.

(تاليا) كانتْ تنظر لعينيه وتتأمل بها، وكانتْ تتساقط دموعها وهي لا تعلم لماذا، وبعد أنِ استقبلا بعضهما البعض، ذهبا إلى أحد المطاعم، وجلسا يتحدثان مُطَوَّلاً عن تلك الأيام التي كانا بها بعيدَين، وتفصلهما جدران من حديد، ولا يستطيعان الالتقاء إلا بوقت ويوم مُعيَّن، ولكن هذه التجربة التي حدثتْ زادتْ من حبهما، ولم تُنْقِصْ منه ولو شيئاً بسيطاً، وكان حديثهما عن الحب والاشتياق.. ولم ينتهِ حديثهما إلا بعد مرور ساعات طويلة. وعند عودتها إلى المنزل أخبرتْ والدتها بأنها تحب (عمر) وبينهما علاقة منذ أكثر من عامين، وكانتْ والدتها متفهِّمة لها ولم تتصرَّفْ معها

بطريقة سيئة، ولكنَّ (تاليا) لا تريد أن تفعل شيئاً بدون علم والدتها، وكان تَفَهُّمُ والدتها يفيدها في كثير من الأحيان.

بعد مرور أيام على خروج (عمر)، اتصل بها وطلب أن يلتقي بها، وذهبتْ له بعد عودتها من العمل، حيث أنهما يلتقيان في الحديقة القريبة من بيتها. جلس ينتظر قدوم (تاليا)، **فقال لها:** أين أصبحتِ يا حبيبتي؟ لقد تأخَّرتِ كثيراً وأنا في انتظاركِ!

**فقالتْ له:** ما بكَ (عمر)؟ لم أتأخَّرْ، هذا هو وقت عودتي، ألا تعلم بهذا الشيء؟

**قال لها:** أعلم بهذا، ولكنني اشتقتُ لكِ جدّاً، وكنتُ أريد أن أراكِ الآن وبهذه الساعة...

وبعدها تحدثا عن مشاريعهما القادمة، ولكن كان دائماً يوجد عائق في هذه العلاقة، ولم تكن تعلم ما هو، وبعد مرور ما يقارب السنة جاءتْ عمَّةُ (تاليا) من دولة أجنبية تزورهم؛ لأنها كانت تعيش بعيداً عنهم، ولكن (عمر) لم يكن يحب أحداً من عائلة (تاليا)، وكان يتحدث بالسوء عنهم، ولكن (تاليا) كانتْ لا تسمح له بهذا الأمر، ولكنه كان سليط اللسان، وهذا الأمر كان يزعج (تاليا)، وعلاقتهما كانتْ قد عبرتْ الثلاث سنوات وبدون أيِّ تقدم بخصوص الخطبة أو الزواج، فهما مجرد علاقة لها بداية وليس لها وجه للنهاية، وبدأتْ تسأم من هذا الأمر؛ لأن والدتها تسألها: ماذا يفعل (عمر)؟ ولماذا لغاية الآن لم يتقدم لخطبتكِ كما قال

لكِ؟ ولكن (تاليا) لا تستطيع أن تجيب والدتها، فهي نفسها لا تعلم (عمر) متى سوف يتقدم لخطبتها، فبادرتْ (تاليا) بالاتصال بعمر وطلبت منه أن تقابله في أحد مراكز التسوق، حيث أنها سوف تذهب إلى هناك للتسوق. وفعلاً حضر (عمر) إلى هناك **وتكلمتْ معه وقالتْ له:** (عمر) إلى متى سيستمر هذا الحال؟ ومتى سوف تتقدم لخطبتي؟ هنا (عمر) لم يستطع الإجابة، **قال لها:** ماذا بكِ يا (تاليا)؟ ألا تعلمين أن حالي الآن لا يسمح لي بالزواج أو بخطوة كهذه؟

**فقالتْ له:** وأنتَ ألا تفكر بموقفي ووضعي حيث أنني أخبرتُ والدتي بعلاقتنا، وهي تسألني باستمرار: "متى سيتقدم (عمر) لخطبتكِ؟ وماذا ينتظر؟ هل يوجد سبب مقنع؟

عمر كان عصبياً جدّاً، **حيثُ قال لها:** ولماذا تخبرين والدتكِ بهذا الأمر؟ ولماذا تحشرينني في زاوية ضيّقة؟

**فقالتْ له (تاليا):** ماذا تقول أنت؟ هل طلبُ الزواج صعبٌ لهذه الدرجة؟ أم أنك تعودت على علاقتنا التي بدون قيود؟

**قال لها (عمر):** ليس هكذا، ولكني لا أستطيع الزواج الآن؛ لأن حالتي المادية لا تسمح لي.

كان الكلام مثل الصدمة على (تاليا)، فقرَّرتْ أن تذهب برحلة إلى مكان بعيد عنه، **فقالتْ لعمتها:** لنسافرْ معاً.

وفعلاً حجزَتِ التذاكر وذهبتْ، ولكنَّ (عمر) كان مصدوماً من سَفَرِ (تاليا)؛ لم يتوقَّعْ أن تتركه وتسافر، وكان كلُّ يوم يتصل بها **ويقول لها:** ماذا تفعلين؟ وماذا تلبسين؟ ولماذا لا تعودين الآن؟ ولم يمضِ على سفرها أكثرَ من أسبوع وعادتْ إلى (دبي) مرَّةً أُخرى، حيث أنَّه لم يتركْها تهنأ بسفرتها، وكانتْ (تاليا) تحبُّه كثيراً، ولكن بنفس الوقت تريد إنهاء هذا الأمر بوضع النقاط على الحروف، ولكنه كان يماطل ويخبرها بأنه غير مستعد، ولا يستطيع التقدُّم لخطبتِها الآن.

عادتْ (تاليا) إلى (دبي)، وكان ينتظرها في المطار مع والدتها، ولكنها لم تكنْ سعيدةً أبداً، ولم تتحدَّث معه عند عودتها، وذهبتْ إلى عملها، ولم تكنْ تريد أن يتحدث معها، وأيضاً والدتها قرَّرَتْ أن تنتهي هذه العلاقة، تكلَّمَتْ مع (تاليا) وأخبرتْها بأنها غير راضية عن هذه العلاقة، ولا تريد منها أن تستمرَّ معه وأن ينتهي كلُّ شيء اليوم.

كانتْ (تاليا) حزينةً جدّاً لهذا الأمر، ولم تستطعْ أن تأخذ قراراً بخصوص إنهاء العلاقة، وكانتْ تلتقي بـ (عمر) في الخفاء بدون علم والدتها؛ خوفاً من حدوث مشكلةٍ ما، ولكنَّ (عمر) لم يُقَدِّر كلَّ الذي فعلتْه من أجله (تاليا)، وكان قاسياً جدّاً بتعامله معها، وهذا ما شجَّعَها على اتخاذ قرار بخصوص علاقتها به، **حيث أنها أخبرته:** اتركني هذه الفترة، ليس لديَّ مزاج للتحدث معكَ.

وهكذا استمرَّتْ لعدة أيام، وبعدها بدأتْ تشعر ببرودة مشاعرها تجاهَ (عمر)؛ لأنه لم يكنْ يحبُّها فعلاً كما أحبَّتْه هي، وكما قدَّمتْ له مساعداتٍ ماليَّةً كثيرة، حيث كانتْ تستلم راتبها وتقدِّم جزءاً له، لأنه بضائقة مالية وعليه أقساط سيارته التي كانتْ تدفعها (تاليا) بالغالب. وبعد انتهاء هذه الأزمة بعدَّةِ أيّام اتصل بها (عمر) وطَلَبَ منها أن يَلْتَقِيا، وفعلاً ذهبتْ للقائه وقال لها: أنا سوف أعود إلى بغداد.

**فقالتْ له (تاليا):** وهل فكَّرتَ بما سيحصل لي إن عدتَ إلى بغداد؟

**قال لها:** أنا لا أستطيع أن أفعل شيئاً لكِ في الوقت الحالي، انتظريني عند عودتي، قد تتحسَّنُ حالتي وأستطيع القدوم لخطبتكِ، وسوف أترك سيارتي لأختي لأنها لا تملك سيارة. (تاليا) انصدمتْ من هذا الكلام، لأنها هي من كانتْ تدفع أقساط السيارة وليستْ أختَه، فقالتْ له: ولكن لماذا تعطيها لأختكَ؟ ألم أكنْ أنا من دفعتُ أقساط سيارتكَ حتى أصبحتْ ملكاً لكَ؟

**قال لها:** ولكنَّ أختي أوْلى بكلِّ شيءٍ.

**قالتْ له:** سوف أعود إلى المنزل. ولكنَّ (عمر) أمسكَ بيدها، **وقال لها:** ماذا بكِ؟ لماذا هذا التصرُّفُ؟ هل كنتِ تتوقعين مني أن أُعْطِيَكِ شيئاً؟

فقالتْ له (تاليا): لم أكنْ أتوقع أيَّ شيءٍ منكَ، ولكن في نفس الوقت لم أكنْ أصدِّق بأنني لهذه الدرجة كنتُ غبيّةً، وصدَّقتُ كلَّ أكاذيبكَ!

فقال لها (عمر): ماذا تقولين أنتِ؟ هل جُنِنْتِ؟

قالتْ له: نعم، لقد كنتُ مجنونةً عندما صدَّقْتُ كاذِباً مثلَك وخائناً وعديمَ الضمير، فَرَفَعَ يده وضربها، وهذه أول صدمة لها، فأعادَتِ الضربة له وتركتْه ورحلتْ... ذهب خلفَها ليعتذرَ منها ولِيَعُودا مَعَ بعض، ولكن كانتْ (تاليا) حازمةً في موقفها مع (عمر) وطلبتْ منه أن يبتعد عنها وألا يظهر أمامها أبداً، ولا يتصل بها أو تصادفه في شارع.

قال لها: ولكن لا أستطيع أن أفعل هذا لأنني أحبُّكِ!

ضحكتْ (تاليا) ضحكة استهزاء بكلامه وقالتْ له: أنتَ لا تعرف معنى الحب، أنتَ تعلَّمتَ على وجودي فقط لأنني أُوَفِّر لكَ الحبَّ والمال وهذا كلُّ ما تريده، أنتَ شخص أنانيٌّ واتكاليٌّ، لم تتعلَّمْ أن تعملَ شيئاً في حياتكَ بطريقة صحيحة، والأسف كلُّ الأسف على السنين التي أمضيتُها وأنا أُصَدِّق شخصاً مثلَكَ.

كان (عمر) لا يصدِّق ما يسمع، واستمرَّ يتصل بها لعدَّة أيّام، ولكنَّ (تاليا) كانتْ شديدةَ الحزم معه ولم تأبهْ له ولا لاتصاله وذهبتْ لتغيير رقمها، ولم تعدْ ترى رقم هاتفه.

ذهب (عمر) إلى بغداد وبدأ حياته هناك، و(تاليا) انتبهتْ إلى حياتها من جديد، وانتهى فصل من فصول الشتاء في (دبي) مع انتهاء قصة حب كانت تشبه المعجزة، ولكنها انتهتْ بحزن شديد وألمٍ وجرحٍ عميقٍ، ورحلتْ (تاليا) إلى مكان آخر بعيد عن (عمر) وعن أيِّ ذكرى تجمعها به.

انتهى الحب الذي بدأ بحفل كاظم الساهر!

# (أحمد ورنا)

## ما بعد الطوفان


في أجواءٍ ماطرة من الشتاء، كانتْ (رنا) تستعد للذهاب إلى مدرستها، ولكنها تخاف الذهاب وحدها، وأيضاً والدتها تخاف عليها الذهابَ وحدها؛ فطلبتْ من (أحمد) جارها الصغير والذي كان مع (رنا) في نفس المدرسة أن ينتبه لـ (رنا)، وأن يقوم بتوصيلها من البيت إلى المدرسة، ومن المدرسة إلى البيت. وفعلاً اعتاد على هذا الأمر، فكان (أحمد) الجناحَ الآمنَ لها عند ذهابها وعودتها، وعندما كانتْ تمرض ولا تستطيع الذهاب كان يحضر ليطمئنَّ عليها، ولكنها تكون غيرَ مُدرِكة من حولها لأنها تَعِبَةً جدّاً.

تبدأُ بيوم جديد وتجهِّز نفسها للخروج إلى المدرسة، وكالعادة تنتظر (أحمد) أن يأتي ليأخذها معه إلى المدرسة و(أحمد) بالأساس يكون في باب المنزل ينتظر خروجها لأنه لا يريدها أن تنتظر كثيراً عند خروجها، وفي نهاية اليوم الدراسي يخرج قبل الجميع ليذهب

إلى (رنا) ولا يتركها تنتظر كثيراً، وفعلاً كل يوم هذا الأمر يحدث معهما، و(رنا) تكون في قمة سعادتها عندما تخرج ويكون (أحمد) في انتظارها.

في يوم من أيام الدراسة العاديّة أخبروهم بأنه لا يوجد غداً دوام، وذلك لأنه هناك أخبار مُتَدَاوَلة عن بدء حرب على العراق، ولم يكن يخطر في بالهم ما الذي سيحدث، فهم ما زالوا أطفالاً ويظنُّون بأنها إجازة مدرسية لهم، ولكنَّ الحدث المشؤوم الذي حدث معهم دمرهم في بداية حياتهم الدراسية، ولقد بدأتِ الحرب وتم إغلاق كل شيء في البلد، ولم يكنْ طفلٌ يستطيع الذهاب إلى مدرسته. وتمر الأيام ولا يعلم (أحمد) شيئاً عن (رنا)، وبعد انتهاء فترة الحرب، صُدِمَ الجميع بعد إعلان احتلال بغداد! نعم لقد تمَّ احتلال بغداد الجميلة، قلعة الأسود وجنَة الأرض، لقد تم احتلالها، كم هو قاسٍ شعورُ أن بلدَكَ الجميلة تمَّ احتلالها من قِبَلِ دولة تَكُنُّ كل الكره لها، لقد تم تدمير كل شيءٍ جميل فيها، لقد قُتِلَ كلُّ شيءٍ فيها، حتّى الأشجار قُتِلَتْ في بغداد، كان وقع الخبر صدمة لدى الكبار، ولكنَّ الأطفال لا يعرفون ماذا يحصل، فقط أنهم في إجازة طويلة، ولكن ما سبب هذه الإجازة؟ لا يعلمون، فقط يشاهدون الدمار الذي خلفه القصف المبرمج على بغداد، والتفجير الذي حصل لها والدماء التي سالتْ في أرض بغداد الطاهرة، لقد خَلَّفَ دماراً كبيراً، صرخاتُ الأطفال تتعالى بعد أن

شاهدوا الدماء والجثث تتطاير على الأرض بسبب القصف المستمرّ، والتفجيرات المُمَنهَجة للأرض، وبعدها تم إعادة فتح المدارس رغم الدمار الذي حصل، وعاد للمدارس الأطفالُ رغم أنها شِبْهُ مُحَطَّمة، ولا توجد بها حياةٌ، إلا أنَّها فَتَحَتْ أبوابها للأطفال، فقط حتى يتم إخماد مناظر القتل والدمار التي حصلتْ على أرضنا.

ولكن الحزن مُخَيِّم على الأطفال قبل الأعمار الكبيرة.

بدأتْ تدريجيّاً العودةُ للمدرسة، وعاد (أحمد) ينتظر (رنا) ليذهبا إلى المدرسة سويّةً، ولكن هذه المرة الخوف أكبر، فالآن أصبحَتِ الشوارع مُلَغَّمة لا يوجد بها أمان، ففي أيِّ لحظة قد ينفجر هذا اللُّغْمُ الذي زُرِعَ في الشوارع، وكان (أحمد) يمسك يدَ (رنا) عندما يذهبان ويقول لها: لا تخافي من شيء، أنا معكِ ولن أترُكَكِ أبداً. ولم تشعرْ (رنا) مدى خطورة الوضع، وحتى (أحمد) لم يشعرْ بمدى خطورة الأوضاع.

انتهتْ هذه السنة رغم صعوبتها على الجميع، وبدأ الصيف، ولكن لا توجد حياة بالواقع، فقط (أحمد) و(رنا) كونهما صغيران على هذه الأمور، ولا يعلمان ماذا يحدث. وبدأ تحضيرهما للسنة الدراسية الجديدة، وبدآ يكبران، وتمرُّ الأيام والسُّنون.

بعد انتهاء الفصل الدراسي للصف السادس الابتدائي، قالتْ والدة (رنا) لـ (أحمد): من الآن فصاعداً سوف يقوم (محمد) أخو (رنا) الأصغر منها بتوصيلها للمدرسة، لأنه أصبح كبيراً الآن

ويستطيع الاعتناء بأخته، وفعلاً بدأتِ الذهاب والعودة مع (محمد)، ولكن (أحمد) كان يراقبهما كلَّ يوم صباحاً ومساءً عند عودتهما، لأنه تعوَّدَ على أن يكون هو من يحميها وهو من يوصلها للمدرسة والمنزل، ولكن الآن أصبح الأمر فقط لأخيها الأصغر منها، وهو لا يستطيع حتى محادثتها، ولكنَّ (رنا) عندما نضجت بدأتْ تفكِّر بـ (أحمد) كأوَّل حبٍّ لها في المراهقة.

وفجأةً أخبرتْها والدتها بأنهم سوف ينتقلون لمكانٍ آخر، وفعلاً بعد أيام انتقلتْ (رنا) وأهلها إلى مكان آخر لا يعلمه (أحمد)، وذلك لأن والد (رنا) تُوُفِّي في الحرب ولم يعدْ باستطاعتهم السكن لوحدهم؛ لكَوْنِ الأوضاع ليستْ جيِّدةً، ووالدتهم تخاف عليهم، وانتقلتْ (رنا) إلى منزل آخر بعيد عن (أحمد)، وكان (أحمد) يُوَدِّعها والدموع في عينيه، وكذلك كانتْ (رنا) تبكي من شدة حزنها على الرحيل، ولكن كان دائماً يوجد أمل في داخله بأنه سوف يلتقي بها من جديد، ولكن لا يعلم متى يحين هذا الوقت، إلا أنه كان يجتهد في دراسته، حيث أنه تخَرَّج من كلِّيَّة التربية، وكانتْ (رنا) قد تخرَّجتْ أيضاً من كلية التربية وأصبحتْ مُدَرِّسة في إحدى مدارس (بغداد)، وهنا كانَتِ المفاجأة، حيث أنه في نفس المدرسة التي تعمل بها (رنا) كان يعمل بها (أحمد).

في إحدى الأيام طلب مدير المدرسة أن يجتمع بالمدرسين لوجود شكاوٍ، وفعلاً اجتمعوا جميعهم وبدؤوا التحدث عن الذي يحصل،

وكانتْ (رنا) تتحدَّث بسلاسة وكان (أحمد) ينظر لها بتمعُّنٍ ولا يعلم هل هي (رنا) حبيبته أم أنها واحدة أخرى تشبهها، وكان يريد أن يتأكَّد هل هي أم لا؟ وفعلاً ذهب في اليوم التالي كي يرى اسمها الثلاثي لأنه يعرف اسمها الثلاثي، وعندما وصل إلى المدرسة تفاجأ بوجود (رنا) والمدير في المدرسة فلم يستطعْ أن يتجرَّأ ويقرأ الاسم، وكان يحاول أن يعرف ولكنه يفشل في كلِّ مرَّة، وآخر تجربة له نجحتْ وقرأ اسمها، ولكن كان اسم الجد مختلفاً عن الذي يعرفُه، وعلم أنها ليستْ حبيبتَه وصديقةَ طفولته، وكانتْ (رنا) تنظر له وتقرأ نظراتِ عينيه، وتعلم أنه يبحث عنها ولكنَّ (رنا) كانتْ تخفي حقيقة نفسها عنه لكي لا يتعذَّبَ إذا علم بأنها هي، وأنها قد تزوَّجَتْ، لذلك كانتْ تخفي هويتَها.

وفجأةً، في يوم من الأيّام رنَّ هاتف (أحمد) في منتصف الليل، وكان ينظر (أحمد) إلى هاتفه باندهاش؛ "لماذا يتصل المدير في هذا الوقت؟ ماذا يريد مني؟" وفتح هاتفه ولكن لا يوجد صوت ولا يتكلم أحد ولا يعلم من الذي اتصل. وبعد مرور أيّام رنَّ هاتفه مرَّةً أُخرى ليلاً وأيضاً لا يوجد ردّ، وبعدها وصلتْ رسالة إلى (أحمد) من رقم المدير تخبره بأنها (رنا)!

كانَتِ الصدمة كبيرةً على مسمع (أحمد) حيث أنه تفاجأ بأنه رقم المدير أوَّلاً، وأيضاً (رنا) تتصل منه ليلاً؟
**ذهبَ (أحمد) إلى المدرسة في اليوم التالي، وتحدَّثَ مَعَها:**

رنا: صباح الخير (أحمد)! كيف حالكَ؟

أحمد: صباح النور (رنا)! أنتِ كيف حالكِ؟

رنا: أنا بخير، ولكن كنتُ أريد أن أخبركَ كي لا تبقى في حيرةٍ من أمركَ.

أحمد: ولكن ماذا يفعل هاتف المدير معكِ ليلاً؟

رنا: لقد تزوَّجتُ المديرَ منذ سنتَين، ولم أكنْ أعلمُ طريقَكَ أو أين أنتَ وماذا حلَّ بكَ، ووالدتي كانتْ تريد الاطمئنان على حياتي لأنها كانتْ مريضةً وتخاف أن يحصل شيءٌ لها ولا أجد من يعيلني بعد ذهابها.

كانَتِ الصدمة كبيرةً على (أحمد) لأنه كان يحبها كثيراً وكان يتمنّى أن يعثُرَ عليها ويتزوَّجها، ولكن بعد أن عَلِمَ بأنها مُتَزوِّجة من المدير، قال لها: "مباركٌ زواجُكِ".. وبدون أن يتكلم أكثر.

ذهب مباشرةً (أحمدُ) إلى المدير وطلب منه أن يأخذ إجازةً ثلاثة أيّام، وكان المدير متفاجِئاً بطلب (أحمد)، ولكنه لم يرفضْ طلب الإجازة، وقال له: "تستطيع الذهاب الآن، تمَّتِ الموافقة على إجازتك ولكن لا تتأخَّرْ بالعودة"..

ذهب (أحمد) إلى منزله، ولكنه كان حزيناً جدّاً، حتى أنه مَرِضَ بعد أن علم بهذا الخبر المحزن، ولا يعرف كيف يتصرف، وعند عودته ذهب إلى غرفته ولم يخرِج منها إلى ثاني يوم فقط ليأكلَ

ويعودَ إلى غرفته، وفكّر مليّاً بالأمر، وقرّر الذهاب إلى وزارة التربية؛ ليطلب نقله لمدرسة أُخرى، حيث أنه لا يستطيع التواجد معهما في نفس المكان، بعد علمه بأنها أصبحَتْ على ذمَّة رجلٍ آخر، وهي كانتْ حبَّ حياته.

وفعلاً ذهب في اليوم التالي وقدّم طلباً لنقله إلى مدرسة أُخرى، ولكن أخبروه بأنه يجب أن ينتظر وجود شاغر في مدرسةٍ أُخرى ليتمَّ نقله، وفعلاً عاد إلى المدرسة، وكان يعمل ولكنه لا يقترب من غرفة الأساتذة أو الإدارة حتى لا يراها ولا يرى زوجَها المدير. وبعدَ مرور شهر على هذا الحال، وصلَتْ بَرقيَّةٌ وَرَقيّة منَ الوزارة إلى مدير المدرسة تخبره بأنّه تمَّتِ الموافقة على نقل (أحمد) إلى المدرسةِ الأخرى، وكان المدير مستغرباً من تصرُّف (أحمد)؛ هل حدثت مشكلةٌ معه أو أنَّ أَحَداً تصرَّفَ معَه بطريقةٍ غيرِ لائقة؟

ذهب المدير إلى (أحمد) وسأله: ماذا بكَ (أحمد)؟ لماذا طلبْتَ نقلَكَ إلى مدرسة أخرى؟ هل حصل شيءٌ معَكَ؟ هل بَدَر مني شيءٌ سيّءٌ تجاهَكَ؟

فقال (أحمد): لا يا حضرةَ المدير، ولكن انتقلنا إلى منزل آخر والمدرسة قريبة إلى منزلي لذلك أريد الانتقال هناكَ؟ وعَلِمْتُ بأنكَ لا تريد خسارتي فذهبْتُ بنفسي لتقديم طلب النقل.

كانَ المدير حزيناً على هذا الخبر، ولكنه لا يستطيع منْعَه من النقل، فوافَقَ على النَّقل وبارَكَ له الانتقال للمنزل الجديد. وبعد فترةٍ من انتقاله اتصلَتْ (رنا) به، وسألتْه: لماذا انتقلتَ؟

- لا أستطيع أن أتواجدَ معَكِ في مكانٍ واحد وأنا أعلم بأنّه زوجُكِ، وأنا كنتُ وما زلتُ أُحِبُّكِ ولا أستطيع تَحَمُّل هذا الأمر، ولهذا طلبتُ النقل.

- ولكنَّكَ لا تعلم ماهي أوضاعي معه، وفجأةً بعد أن رأيتُكَ وعاد لي الأمل الذي فقدتُه من جديدٍ عند ذهابك، لماذا تركتَني الآن وأنا بحاجةٍ لكَ؟

- لا يتم الأمر هكذا، فأنتِ الآن متزوّجة وأنا لا أريدكِ أن تكوني خائنةً بنظر زوجكِ وأهلِكِ ولا حتى بنظري.

- ولكنَّنا نحن الآن قضيَّتُنا في المحكمة؛ لأنني طلبتُ المخالعة منه بعد أن أخبَرَني بأنه يخونني، وسوف ينتهي الأمر.

- عندما تنهين أمر زواجِكِ سوف أكون بجانبكِ ولن أترُكَكِ.

وفعلاً بعد مُضِيّ أكثرَ من ثلاثة شهور على رفع القضية تمَّتِ المخالعة، وكانتْ سعيدةً جدّاً بهذا القرار، ولكنَّ زوجَها كان يكنُّ لها العداء بعد أن طَلَّقتْه، حيث أنَّ كبرياءه لا يسمح بأن تُطلِّقه امرأة، وكان يراقب كلَّ تصرُّفاتها ومع من تذهب وتعود، حيث أنها طلبَتِ النقل من المدرسة إلى المدرسة التي بها (أحمد)، وتمَّتِ الموافقة عليها.

بعد فترة من الطلاق ذهب (أحمد) مع عائلته لخطبتها رغم رفض والدته ووالده كوِنَها مُطَلَّقةٌ؛ لأن مجتمعنا ينبذ المُطَلَّقة ويعتبرها أساسَ الغلط وأساسَ المشاكل، ولا يعطونها حقَّها بطلاقها، ولكنَّ حبَّ (أحمد) لها كان أقوى من رفض أهله.

وعند وصوله إلى منزل (رنا)؛ كانتْ دقَّاتُ قلبِهم أسرعَ من الطائرة النفاثة، دخلَ (أحمد) منزل (رنا) وكانتْ تستقبله بفستانها الورديِّ القصير ومكياجها الخفيف الذي يُبرِز أنوثتَها وجمالَها، وقَفَ صامِتاً أمام حسنها، **وقال لها:** إنَّكِ أجملُ ما رأتْ عيني.

اِحْمَرَّ وجه (رنا) من الخجل، **وقالتْ له:** تفضَّلْ.

ودخل والده ووالدته، ولكنَّهما كانا غيرَ راضِيَين عن هذا الزواج، ولكن إرضاءً لابنِهما الوحيد، حيث أنه يحبها كثيراً. وبعد أن جلسوا في صالة المنزل تقدَّم والدُ (أحمد) وتحَدَّثَ مع أخوال وأعمام (رنا) **وقال لهم:** اليوم جئنا لطلب يدِ (رنا) لابننا (أحمد) على سُنَّة الله ورسوله.

**فقالوا له:** تشرَّفْنا بحضوركم، ونحن موافقون على طلبكم، ولا يوجد أفضل منكم لابنتنا. وكان (أحمد) سعيداً جدّاً لأنهم لم يرفضوه، ولم يعترضوا أبداً، ولكن والده ووالدته كانا غير سعيدَين بهذا الزواج.

وبعد أن تحدَّثَ الأهل، نَهَضَ (أحمد) من مكانه وطلب أن يُحدِّد الخميس المقبل موعد عقد القِران والخطبة مع بعض؛ لكيلا

يكون تأخيراً في إجراءاتهم، حيثُ أنه يريد أن يجتمع بحبيبته بأسرعِ وقتٍ.. وتمَّتْ موافقة الأهل على الموعد المُحَدَّد.

وكانتْ (رنا) خلال الأسبوع تذهب مع والدته ووالدتها لتُجَهِّز نفسَها لموعد الخطبة، وجاءَ يومُ الخميس وانتهتْ حفلة الخطبة على أتمِّ وجه، وكان الجميع سعيدين بهذا الزواج ما عدا والده ووالدته، لم يرغبا بها أبداً، ولم يحبّاها أبَداً، ولكن على محبّةِ ابنهم كانا ينظران لها على أنّها زوجة ابنهم فقط.

كانتْ (رنا) تتودَّدُ لأهله كثيراً لتكسب رضاهم ومحبَّتَهم لها، وفِعْلاً بمرور الأيّام بدأتْ والدته تغيّر كثيراً من قراراتها تجاهَ (رنا)، ولكن ما زال هناكَ والده الذي لم يرغبْ أبداً بمحبتها، ولكن ينظر للتغير الذي أصاب زوجته وابنه الوحيد، فبدأ ينظر للأمر من جهة أُخرى، لعلَّ وعسى أن تتغيَّر نظرته هو أيضاً، وأصبحتْ (رنا) عندما تحضر إلى بيت (أحمد) تجلس وتتحدث مع والده ووالدته وتساعد والدته في المنزل، وفعلاً استطاعتْ خلال أشهر قليلة أن تكسب محبتهم جميعاً، وكان هذا أوَّلَ إنجاز لها في بيت الزوجيّة الجديد، والذي كان حلمَ الطفولة.

وبعد مرور ستَّة شهور على خطبتهم وعَقْد قرانهم قرَّرَ (أحمد) و(رنا) الزواج في تاريخٍ قريب، وتمَّ تحديد الموعد وحُجِزتْ قاعة الحفل وذهبتْ (رنا) لاستئجار فستان الزفاف، وذهب (أحمد) إلى الحلّاق وجَهَّز نفسه للزفاف، وتمَّ استئجار سيارة الزفاف، وكان كلُّ

شيء جميلاً ومُمَيَّزاً والكلُّ فَرِحَ بهذا الزفاف حتى والده ووالدته بعد أن غيَّروا أراءهم بخصوصِ (رنا)، وذَهَبَ (أحمد) في سيارة الزفاف لأخذ (رنا) من الصالون، والذهاب إلى قاعة الحفل. وبعد أن أَخَذَها من الصالون توجَّها إلى القاعة، ولكنَّ المسافة كانتْ بعيدةً قليلاً، وسُمِعَ صوتُ انفجارٍ مُدَوٍّ لم يعلمْ أحدٌ مصدَرَه، ولكن تفاجؤوا بأن سيارة الزفاف انقلبتْ، كانَتِ الصدمة شديدةً على أهل العروسَين؛ لم يستوعبوا الذي حصل ونزل والدا العروسين وذهبا مسرعين إلى السيارة ليريا ماذا حصل، وكانتْ حالتهم صعبةً جدّاً، تم نقلهم في سيارة والد (أحمد) إلى المستشفى، وعند وصولهم إلى الطوارئ كانتْ أصوات الصراخ والبكاء تتعالى في ممرات المستشفى، كان والد (أحمد) يصرخ بأعلى صوته: "أرجوكم أنقذوهما"، لقد انفجرت عبوةٌ تحت سيارة العروسَين، وكان والد (رنا) يبكي من شدّة صدمته ولا يعرف ما يفعل، والدتها كانت تصرخ على الأطباء وتبكي بحرقة على ابنتها: "أنقِذوا ابنتي، أنقِذوا ابنتي، أنقِذوها، يا إلهي! أرجوكم أنقذوهما" ووالدة (أحمد) كانتْ تحضنه وتبكي ولا يخرج منها أيُّ صوت، كانتْ تعي جدّاً ما يحصل حولَها، ولكنها كانتْ تبكي فقط.

تم أخذهم إلى غرفة الإسعافات ليتمّ إسعافهم وكان الأطباء حريصين على إنقاذهم، ولكن مرَّتْ ساعات طويلة ولم يخرجْ طبيب

ويُطَمْئِنُ الوضع لأهالي العروسين، وكان الجميع متواجداً في المستشفى ينتظرون أيَّ خبرٍ يُفْرِحُهم.

وتمرُّ الساعات الطويلة، وبعدها خرج الطبيب المعالج لحالتهم، وأخْبَرَهم بأنه فعل كل ما يتوجَّب فعلَه لإنقاذهم والأعمار بيد الله فقط، ولا يعلم ما سيحصل بعد ذلك، كان أملهم كبيراً بالله أن يعودوا لوعيهم، ولكن شاءَتِ الأقدار وحصلَ ما لم يكنْ مُتَوَقَّعاً، لقد استشهد (أحمد) وخرج الطبيب وأَبْلَغَهم بأنّ (أحمد) تُوُفِّي متأثِّراً بجراحه بسبب هذا الانفجار، و(رنا) استعادتْ وعيها، ولكن كان الجميع يبكي حولَها بعد استشهاد (أحمد)، ولم يستطيعوا إخبارها مباشرةً، ولكنّها كانتْ تعلم في نفسها أن شيئاً ما حصل لـ (أحمد).

بعد أن نهضَتْ من سريرها، ذهبتْ مُسرِعةً تسأل الطوارئ عن (أحمد)، فقال لها الطبيب: "لقد تُوُفِّي بعد إجراء عدَّة عمليّات له ولكن فشلتْ جميعها"، فكان وقع هذا الخبر أكبرَ صدمة في حياتها، وقعتْ مغشيَّةً عليها، وبعد أن استعادت وعيها كانتْ فقط تبكي وترفض الكلام مع أحد، ولم تستطعْ تحمُّلَ أثر الصدمة، فدخلتْ بعالمٍ آخَر، عالمٍ بعيدٍ جدّاً عن الواقع، وعانتْ لسنين طويلةٍ من أثر هذه الصدمة، ولم تتزوَّجْ بعد (أحمد) ولم يستطعْ أيُّ إنسان أن يخرجَها من صدمتها، وانتهتْ حكايةٌ كان من الممكن أن تكون هي أجملَ قِصَّة حبٍّ تمرُّ علينا.

# (زاهر وإلين)

على أرصفة شوارع بغداد، بدأتْ قصّةُ الوجع..

كانتْ (إلين) معتادةً على الخروج مع والدَيها للذهاب إلى بيت جدها الكائن في منطقةٍ من مناطق بغداد الجميلة، وكان عمرها في ذلك الوقت لا يتجاوز العشرةَ سنوات.

كانتْ تحبُّ زيارة بيت جدها؛ لوجود أولاد خالاتها وأخوالها، فقد كان الجميع أصحاباً، ويلعبون مع بعض حتى وقت حدوث الفاجعة.. كانتْ لعبتها المفضلة هي (باربي) المشهورة من قِدَم الزّمان، وكانتْ تحافظ عليها كأنها ابنتُها أو أختها الصغرى.

عندما تكون في بيت جدِّها تبدأ باللعب مع الأولاد والبنات بأيِّ شيءٍ موجودٍ فقط للتسلية.

كان لدى جار بيت جدِّها كلبٌ كبير للمنزل، لونه أبيض ولديه شعرٌ كثيرٌ في كلِّ جسمه، في ذاك اليوم هرب الكلب من منزله ولم

يعرف أصحابُه بأمره، إلى أن جاء الليل، وكان صاحبه يبكي عليه؛ لأنه يحبه كثيراً.

كانتْ (إلين) تراقب الفتى وهو يبكي على كلبه، ولكنّها رأتِ الكلب أين ذهب، فقامتْ بإخباره: "كلبك ذهب بهذا الاتجاه، وأعتقد بأنه تاه عن المنزل، اذهبْ وفتِّشْ عنه".

ذهب الفتى حسب كلام الفتاة الصغيرة، وبالفعل رأى الكلب يجلس في زاوية حائط أحد المنازل، وجاء إلى صاحبه عندما شاهده وعادوا للمنزل.

**في اليوم الثاني قال الفتى لـ (إلين): أشكركِ؛ فقد كنتُ سأُجَنُّ** إن لم أعثرْ عليه!

**ابتسمَتِ الفتاة له وقالتْ: أحب مشاهدة الكلب من شُرْفَة** منزلكم.

فقال لها: يمكنكِ القدوم واللعب مع الكلب متى شئتِ، وأنا لا أمانع، فأنا ليس لديّ أصحاب، أعيشُ مع والديَّ ولا يرضيان أن يكون لي أصحاب، يقولون بأنهم يخافون عليَّ من أصحاب السوء الذين لا أعرفهم مُطلَقاً.

لم تكنْ (إلين) تعلم أنّ الفتى ليس من دينها، وهي ليستْ من دينه، ولكنهما أصبحا صديقَين فيما بعد، وقد عرَّفَها على نفسه وقال لها أن اسمه (زاهر)، فبدؤوا باللعب مع بعضهما كلَّما أتتْ (إلين) إلى بيت جدّها، وبدأتْ تطلب أن تبات في بيت جدها لكي تلعب معه.

93

وكلَّ يوم تذهب لبيت الجيران لتلعب مع (زاهر) والكلب، وأهل (زاهر) كانوا يحبون (إلين) لكونها طفلةً جميلةً وبريئة، ولديها أخلاق عالية، فهي تلعب مع الفتى بكلِّ براءةٍ واحترام.

وتمرُّ الأيام وهما أقرب الأصدقاء، أصبح (زاهر) صديقَها المقرَّبَ جدّاً، حتى أقرب من أولاد خالتها أو بنات خالتها، فقد بدأتْ تبتعد عنهم تدريجيّاً لكثرة لعبها مع ابن الجيران، الذي أصبح أقرب الناس لها.

والداها بدآ يراقبان تصرفاتها مع (زاهر) ومع أقربائها، فانتابهما القلق، لماذا تتركهم وتلعب مع (زاهر) فقط؟ وعلما أنّها تلعب معه لأنه ليس لديه أصحاب غيرها، وهي تحب الكلاب، فأخبراها بأنهما سوف يشتريان لها كلباً، **فرفضتْ وقالتْ لهما**: لا أريد كلباً لي، فأنا ألعب مع كلب ابن الجيران، وأنا أحب هذا الكلب وليس أيَّ كلبٍ أخر.

بدأتْ (إلين) تكبر ويكبر (زاهر)، وأصبحا بعمر المراهقة وما زالا أقرب الأصدقاء؛ لم يفرِّقْهما أحد، حتى أن (إلين) طلبتْ أن تنتقل لنفس مدرسته لكي تراه وتلعب معه في المدرسة عندما كانتْ بالابتدائية، وعندما كَبِرا وأصبحا بالإعدادية انفصلا دراسيًّا فقط، ولكنَّهما مستمرَّان بصداقتهما.

كانتْ عند خروجها من المدرسة يذهب (زاهر) ليأخذها إلى منزل بيت جدها كي لا يكلِّمها أحد أو يزعجها أحد بالطريق.

واستمرَّ هذا الأمر إلى أن تمَّ قبولهما في الجامعة، فقد قرَّرا أن يدخلا نفسَ الجامعة، ونفس الاختصاص، ونفس القسم، لكي يكونا مع بعضهما طوال الوقت كما تعوَّدا منذ الصغر.

وكان أيُّ شابّ يريد التكلم مع (إلين) لا يسمح له (زاهر) أن يكلمها كونها جميلةً جدّاً، والكلُّ يريد أن يتقرَّب منها، أو أن يستطيع التكلُّم معها، ولكنه من فَرْط حبه لها لا يسمح لأيِّ مخلوقٍ أن يكلِّمَها، أو حتّى أن يقول لها "صباح الخير"، فهذا الأمر يعتبره منافياً لقواعده.

في أوَّل سنةٍ لهما في الجامعة بدأت أنظار الجميع حولها، "كيف يحبها وتحبه وهما ليسا من نفس الدين، ولا يمكن أن يحصل شيءٌ بينهما، لأن ذلك مستحيلٍ، ولكن لماذا لا يسمح لنا التكلم معها؟ هل هي تقول له أن يمنع الأشخاص من التكلم معها أم أنه يتصرَّفُ بسبب غيرته عليها؟ ما هو السبب الحقيقي؟ ولكنَّ أغلب الطلاب في الجامعة فهموا أنه يحبها بصدق، وليس مجرَّد خوف عليها من زملائها في الجامعة.

وبعد مرور أوَّل شهر لهما في الجامعة، استطاع أن يعطي نظرة وانطباعاً للجميع بأن (إلين) تخصُّني، ولا يُسمَح لكم بالتقرُّب من ممتلكاتي.

وكانت (إلين) سعيدةً بهذا التصرُّف؛ أوَّلاً: يحميها من المتطفِّلين، وثانياً: يخاف عليها، يغار عليها، يحبها ولا يريد لأحد أن يزعجها أو التقرُّب منها.. بالفعل كانتْ سعيدةً بهذا التصرُّف.

وبعد ذلك تقدَّم لخطبتها زميلٌ لها في الجامعة، ولكنه في المرحلة الرابعة.. على أبواب التخرُّج، ومن عائلة ممتازة، وغنيٌّ أيضاً، ولكنَّها رفضتْه لأنها تريد إكمال دراستها، وأهلها كلَّموها عنه: "إنها مجرَّد خطوبة وعند إكمالك لدراستك تتزوجان"؛ فكان جوابها النفيَ التامَّ، ولكنَّ هذا الأمر لا يقتنعُ به أهلُها، فطلبوا منها التكلم بوضوح وبصراحة تامَّة:

- لماذا رفضتِ الشّخص الذي تقدّم لكِ؟

- أنا لا أحبه، وسُمْعَتُه في الجامعة ليستْ جيِّدةً، فهو زيرُ نساء، وكلَّ يومٍ مع واحدةٍ جديدة، وأنا لا يعجبني هذا الحال، والشخص الذي أريد أن أكمل باقي حياتي معه؛ يجب أن يكون من نفسِ أخلاقي، ونفس تفكيري وطموحي، ولا أريده زيرَ نساء، فاليومَ معي وغداً معَ غيري.

ولكنَّها حتى هذه اللحظة لم تفهمْ سبب رفضها لكل شخص يتقرَّب منها، حتى أنها ظنَّتْ أنها لا تحب أحداً أو أنها مُنْطَويَةٌ على نفسها.

وبهذه الأثناء أُعْلِنَ في التلفاز الحكومي بأنَّ هناكَ حرباً قادمةً على العراق لا محال، بدأتْ بالخوف بأنها سوف تترك دراستها وأن الحرب قادمة وأنها لن ترى (زاهر)، عندها شعرتْ بشيءٍ تجاهَ (زاهر)، وأن هذا ليس مجرَّدَ كلامٍ أو شعورٍ زائلٍ، لا بل إنَّ الموضوع له أبعادٌ، وله سنون مضتْ على هذا الشعور الغريب والملفت للنظر، ولكنَّها خافتْ أكثر أن تكون قد أحبَّتْ (زاهر) وهو ليس من دينها، وأهلها سوف يرفضون هذه العلاقة بالتأكيد، وأهله أيضاً سوف يرفضون قطعاً هذه العلاقة.

"ماذا أفعل؟ كيف سأعترف له بما أشعر؟ وهل يجب أن أعترف له أنا أم أنا يجب عليه أن يعترف هو؟ ولكن هل هو يفكر مثلما أفكر أنا؟ آهٍ يا رأسي كم يؤلمني من كثرة التفكير بهذا الأمر، كيف سينتهي هذا الأمر؟ أرجوك يا إلهي! هل يوجد حلٌّ لهذا الأمر؟ هل أستطيع أن أقول له ما أشعر به أم يجب عليه أن يعترف وبعدها أتكلم معه بكل ما أشعر؟ إنها تساؤلات كثيرة برأسي، كيف أحلُّ هذا الأمر؟ ولكن يجب أن أخطوَ أوَّلَ خطوة تجاهَه، لِأَعْرِفَ إذا ما كان الذي أفكِّربه صحيحاً أم أنه مجرَّدُ تخبُّطٍ بسبب الحرب القادمة على بلادنا"..

فاتَّصلتْ به على هاتف منزله:

زاهر: (ألو).

إلين: كيف حالكَ (زاهر)؟ أنا (إلين).

زاهر (مبتسماً): أهلاً وسهلاً (إلين)! كيف حالكِ؟ أنا بخير.

**إلين (تحاول أن تقترب من زاهر بحجة خبر الحرب ):** (زاهر)
هل سمعتَ ما يقولون عبر التلفاز بأن هناك حرباً قادمة على
بلادنا؟

زاهر: نعم لقد سمعتُ وأنا لستُ خائفاً، فأنتِ تعلمين أن هذه
الأخبار هي فقط لتخويفنا، اطمئني لا يوجد شيءٌ سيِّء، كلّ شيءٍ
سيصبح على ما يرام.

إلين: ولكن يا (زاهر) هل معنى هذا أننا سوف نترك الدراسة
ولا نرى بعض؟

أحسَّ (زاهر) بنبرة كلام (إلين) فقال لها: (إلين) لا تقولي هذا
فمهما حصل سوف نجد طريقةً ونرى بعضَنا البعض.

**(إلين)** من خلال كلام (زاهر) فهمَتْ مدى حبِّه لها وقالتْ له:
حسناً سوف نكمل حديثَنا غداً إن شاء الله، إلى اللقاء.

زاهر: بالطبع سوف نكمل حديثنا غداً إن شاء الله، إلى اللقاء.

اليوم الثاني..

على أنغام أغنية هيثم يوسف (شجيب باجر واصبر شلون)، ذهبتْ (إلين) إلى الجامعة بانتظار (زاهر) لكي يتحدثا، وكأنها أولُ مرّة منذ أكثر من عشر سنوات؛ تشعر بأن الدقائق لا تمرُّ وهي بانتظار قدومِه، وكأنَّ الزمن توقَّف بها ولا يمضي.

(زاهر) وهو قادم بالباص، يفكِّر ويقول بينه وبين نفسه: (هل تشعر (إلين) بما أشعر به تجاهَها؟ هل أستطيع مفاتحتها بالموضوع والتكلُّمَ معَها عن شعوري تجاهَها أم سوف تصدُّني وأعودُ خائبَ الأمل؟ أنا لا أستطيع العيش بدون (إلين) ولا أستطيع أن أُزْعِلها ولا أتحمل أن يأخذها غيري، حسناً سوف أُكلِّمها بكلِّ صراحة ولن أسمح لأحد أن يأخذها مني)

وصل (زاهر) إلى الجامعة، ولأوَّل مرة يرى لهفة الانتظار بعيون (إلين)..

إلين: أهلاً (زاهر)! لقد تأخرتَ كثيراً، لماذا كل هذا التأخير وأنا هنا أنتظركَ؟

زاهر (مُتَعَجِّباً من كلام إلين): حسناً يا (إلين)، أنا آسف يا وردتي على هذا التأخير، ولكن ليس بيديَّ حيلة فقد كانَتِ الطُّرُقُ كلُّها مزدحِمةً وأعدكِ بأن لا أتأخَّر عليكِ مرَّةً أخرى.

قفزتْ (إلين) فرحةً من مكانها إلى جانب (زاهر)، وقالتْ له: ماذا لديكَ لتخبرني به؟ يومَ أمس قلتَ لي بأننا سوف نكمل حديثنا غداً في الجامعة، هَيّا قلْ لي ماذا يوجد؟ لماذا لم تخبرني بالهاتف عن الأمر؟

ابتسم زاهر وقال لها: حسناً.. اهدئي قليلاً وسوف أخبركِ كلَّ شيء، ولكن أوّلاً يجب أن تعديني بأن مهما حصل لن تتخلّي عني ولن تتركيني.

تعجَّبتْ (إلين) من كلام (زاهر)، واندهاشُها أوقف (زاهر) عن الحديث، فقال لها: ما بكِ؟ لم أبدأْ بَعْدُ بحديثي، لماذا هذا الاندهاش؟

- لأن كلامك لا يطمئنني!

- لا بالعكس، سوف تسمعين أموراً لأوّلِ مرّةٍ مني.

- هَيّا إذن تكلَّم، لقد انتابني الفضول كثيراً.

فبدأ (زاهر) بأوّل كلامه، وقال لها: هل تعلمين بأنكِ جميلة جدّاً؟

شعرتْ بالخجل الشديد عند سماعها لهذا الكلام، فقال لها: هذه أوَّلُ مرّة تخجلين من كلامي.

قالتْ: نعم، لقد أحسستُ بخجل شديد ولا أعلم لماذا، رغم أن صداقتنا لها عمر طويل، ولكن لا أعلم لماذا!

- (إلين) هل أحسستِ مرّةً بأنك تحبين شخصاً، أو أنّكِ تميلين لشخص هنا في الجامعة؟

(إلين) نظرتْ إلى (زاهر) نظرةَ استغراب: (ماذا يتكلم؟) **فقالتْ له:** ماذا تقول أنتَ؟ هل نسيتَ أن كلّ شخص يتقرّب مني أنتَ تبعده بنفسكَ؟

- لم أنسَ، ولكنَّ يحتمل أن تكوني قد أُعجبتِ بشخصٍ ما وأنا لا أعلم، يمكنكِ الوثوق بي والتكلُّمُ عن مشاعرِكِ لي، إن كان يوجد شخص في حياتكِ.

**فقالتْ له (إلين):** رجاءً اصمتْ وإلّا سوف أغادر، لا أريد أن تكمل، هذا الحديث يزعجني كثيراً، ماذا تقول أنتَ؟ إنك عديم الإحساس فعلاً! فانصدم (زاهر) من ردَّة فعل (إلين) وعَلِمَ بأنها تحبّه.

**ذهب خلف (إلين) وقال لها:** توقفي، لم أُكملْ كلامي.

- ماذا ستقول أكثرَ من هذا؟ أنا لا أُريد سماعَ المزيد من الحزن والألم أريد كلاماً يُريح قلبي.

- (إلين) أنا أحبكِ.

فكانَتِ المفاجأة لـ (إلين) عند سماعها هذا الكلام، ولكنها تخاف من نهاية هذا الكلام، هل يحبها كحبيب أم يحبها كصديق أم يحبها كأخٍ لها؟ **وسألتْه:** ما هو الحب بنظركَ؟ وكيف تحبني؟

- أحبكِ لأنكِ حبيبتي، أحبكِ لأنكِ وردتي، أحبكِ لأنكِ أجملُ ما رأتْ عيناي ولا أستطيع التفريط بك.

وكانتْ (إلين) عندما تسمع هذا الكلام منه تدمع عيناها أكثرَ، فهذا الأمر كان قد أقلقها كثيراً في الآونة الأخيرة، فهي مرهَفَةُ الإحساس ولم تكنْ تعلم بأنها تحبه لهذا الحدّ وبجنونٍ أيضاً، كانتْ تنتظر كلامه بكلّ شغف.. "ماذا سيقول؟" وبالفعل بعدَ أنِ اعترفَ لها بأنه يحبها بكلِّ جنون، قرَّرتْ أن تعترف له بأنها تحبه جدّاً، وتريد أن تبدأ الآن رسميّاً بعلاقة حبّ وليس كالسابق، فبعد الآن لا يوجد حاجزٌ بينهما، لقد اعترفا بحبهما لبعضهما.

ولأول مرّة منذ أحد عشر عاماً، يخرجان من الجامعة ممسكَين بأيدي بعضهما، وينظران في عيونهما في قمة السعادة.

كانتْ (إلين) تنظر لـ (زاهر) وهي فَرِحَةٌ جدّاً، وفي ذات الوقت تخاف من القادم والمجهول، فهي لا تعلم ما الذي سيحصل معهما بعد الآن، هل سيستمرّان هكذا أم أن هنالك عواقب لهذا الحب الذي بدأ للتوّ؟ وهنا يبدأ الشعور الخفيّ ما بين الحبّ والخوف والرغبة بالعناق للحبيب، ولكنها كانتْ دائماً مُتَّزِنَةً بتصرُّفاتها مع (زاهر)، ولا تترك فرصة له ليفكر، بل كانتْ تعلم ما يفكِّر به، وما يشعر به، عندما تنظر في عينيه تقرأ ما يخفيه، وكانتْ تقول له: "أنا بجانبكَ دائماً، اطمئنْ". وكانتْ هذه الكلمات عندما تقولها

(إلين) لـ (زاهر) كان يشعر براحةٍ كبيرة، ولا يفكر بأنها سوف تتخلى عنه في يوم من الأيّام تحتَ أيِّ ظرف من ظروف الحياة.

في ساعةٍ متأخِّرة من نفس اليوم الذي بدأتْ فيه علاقة (زاهر) و(إلين)، بدأتْ صافرة الإنذار تعلنُ لحظة بدءِ الحرب على العراق، وكانتْ هذه اللحظات الأكثرَ رعباً لهما وللجميع، ومن بعدها انقطعَتِ الاتصالات والكهرباء والتواصل مع العالم الخارجيّ، كيف ستعلم (إلين) ماذا حصل لـ (زاهر)؟ وكان (زاهر) يجلس في غرفة نومه وهو ينظر من نافذة غرفته المُطِلَّة على حديقة المنزل وهو يفكِّر كيف حال (إلين) الآن؟ وماذا حصل لها؟ هل هي بخير الآن أم أنها ليستْ بخير؟ كيف سأعلم وضعها؟ آهِ يا إلهي! لا تُصِبْها بأيِّ مكروه فأنا أحبها وأريد أن أُكمِل حياتي معها!

بَقِيَ (زاهر) ينظر من النافذة حتّى صباح اليوم التالي؛ لكي يستطيع الذهاب إلى بيت (إلين) والاطمئنان عليها وعلى أهلها، وبالفعل عند حدود الساعة التاسعة صباحاً خرج (زاهر) من منزله متوجِّهاً إلى بيت (إلين) وهو يفكر بها طوال الليل، ولم يغمضْ له جفن، هل سيراها مرَّةً أخرى، أم أنَّ القدر قد يكون فرَّقَ بينهما؟ كل هذا التفكير وهو ذاهب إلى (إلين)، وعند وصوله إلى بيتها نظر إلى البيت من الخارج وقلبُه يرجف خوفاً من أن يكون قد حصل شيءٌ سيِّئٌ لـ (إلين)، ولكن عندما طرق على باب المنزل وخرجتْ (إلين) مُسرعةً ومتلَهِّفة لتفتح باب المنزل، أدمعتْ عينا (زاهر) عند

رؤيتها، وهو يسألها: هل أنتِ بخير؟ هل أصابكِ شيء؟ هل حدث لكم شيء؟

**فأجابتْ (إلين)** وهي تبكي: لم يحصلْ لنا شيء، ولكنّي خفتُ عليكَ جدّاً، ولا أستطيع الاتصال بكَ، فقد توقَّفَ كلُّ شيءٍ في البلد، خرجَ والدُ (إلين) ووالدتُها لينظرا من الشخص الذي قَدِمَ إليهم في هذه الساعة من الصباح، وقد تفاجأا عند رؤية (زاهر) يتحدثان فيما بينهما: ما الذي جاء بـ (زاهر) الآن إلى بيتنا؟ ولماذا هو يبكي عند رؤيتنا؟ هل حدث شيء لوالدي؟

**وعند سؤال (زاهر):** "هل حدث شيءٌ لوالدي" (جد إلين والد والدتها).

**أخبرَهم:** لم يحدث شيءٌ أبداً، ولكني خفتُ عليكم وجئتُ لِأراكم، هل تحتاجون شيئاً أم أن كل شيء على ما يرام، وأطلب منكم أن تنتقلوا إلى بيت والدكِ لتجتمعوا جميعاً في المنزل، أفضل من هذا البُعْد.

**وفعلاً أقنعَهم (زاهر)** بالانتقال لبيت العائلة، وذهبوا مع زاهر إلى بيت العائلة الكبير، وكان الجدُّ هو أيضاً قَلِقاً وخائفاً على (إلين) ووالدتها، وعندما جاؤوا فرح بقدومهم، ولكن الخوف من هذه الحرب التي سوف تهدم كلَّ جميلٍ، وكل شيءٍ قائم على هذه الأرض الجميلة.

كانتْ (إلين) تنظر لـ (زاهر) وهي تشعر بحبه وخوفه عليها، وكيف أنه لم يغمضْ له جفن إلى أن جاء وشاهدها وأخذهم معه إلى بيت جدها، عندها ارتاحتْ من التفكير بـ (زاهر)، وأيضاً (زاهر) ارتاح من القلق والخوف على (إلين).

باشرتْ والدة (إلين) بتجهيز الغرفة لهم باعتبار أنهم سوف يسكنون في منزل والدها لفترة الحرب القائمة على البلد، ولا يعلمون متى تنتهي. جاءتْ (إلين) إلى والدتها وجلستْ تحدثها عن الجامعة، وهل سوف تستطيع أن تكمل دراستها أم أنَّ الحرب سوف تعيق تكملة دراستهم؟ **فقالتْ والدتها:** بالتأكيد الآن سوف تتوقف المدارس والجامعات إلى حين انتهاء هذه الحرب العبثية، ولكن بعد الانتهاء سوف تباشرون بالدراسة وتعوِّضون ما فاتكم خلال فترة جلوسكم، ولكن في هذه المدة اقرئي كتبكِ لكيلا تنسي شيئاً من دراستكِ، وأيضاً لا تنشغلي بأخبار الحرب أو سماع صوت القصف المستمرّ علينا، لذا يجب عليكِ الانشغال بالدارسة.

**فقالتْ لها (إلين):** حسناً يا أمي، سوف أفعلُ بنصيحتكِ وأجلس وأقرأ كتبَ الجامعة كي لا يفوتَني شيء.

وبدأتْ كلَّ يومٍ تقرأ ويأتي (زاهر) لزيارتهم، وفي نفس الوقت يجلسان ويقرآن مع بعض لكي يعوِّضا الأيام التي لم يذهبا بها وتركا دراستهما، فكان جلوسهما هو للتحدُّث مع بعض عن مشاريعهما المستقبلية، وعن حبهما الكبير، وكيف سيكملان مسيرتهما في الحياة.

بعد مرور فترة من الأوضاع السيِّئة التي حصلتْ في بلدنا قرَّر والد (إلين) أن يهاجر ويترك كل شيء؛ لأنه أحسَّ بخطورة الأوضاع التي تدور في بغداد، ولكنه لم يخبرْ أحداً أنه بدأ بتحضير أوراق السفر، وبعد مرور شهرين على تحضيراته حضر والد (إلين) وجلس يتحدث مع والدة (إلين) وقال لها: أصبح علينا السفر وترك البلد؛ لأن الأوضاع غير مستقرّة، ولا نعلم ما الذي سيحصل بعد فترة، وأخاف على ابنتنا من هذه الأوضاع!

كانتْ ردَّةُ فعل والدة (إلين) فرحة جداً بهذا القرار، ولكنها كانتْ تخاف أن تتطرّق لهذا الأمر معه خوفاً من رفضه للسفر أو الهجرة، ولكن تفاجأتْ عندما علمتْ بأنه جهَّز جميع الأوراق المطلوبة، وكلَّ هذا و(إلين) لا تعلم شيئاً، ولم يخبراها ظناً منهما أنها سوف تكون سعيدة بهذا الخبر. ناداها والدها وجلس يحدثها وقال لها: (إلين)! سوف نسافر بعد يومَين من الآن. كانت (إلين) غير مستوعبة حجم الصدمة عليها، وسألتْ والدها: إلى أين نذهب يا والدي؟

فقال لها: سوف نهاجر ونترك البلد؛ لأن الأوضاع غير مستقرّة به، ولا أريد المجازفةَ بحياتكم هنا.

كانت هذه الكلمات أشْبَهَ بالصاعقة تنزل على مسمع (إلين)، فهي لا تريد السفر وتَرْك (زاهر) أبداً، ولكن والدها أصرَّ على السفر، وأن لا يتركها أبداً داخل البلد مهما حدث، وكان وقع الخبر على (زاهر) كارثياً؛ حيث أنه كان يجلس في حديقة المنزل ويبكي من شدّة حزنه

على رحيل (إلين)، **وقال لها:** (إلين) سوف أستمرُّ بحبِّكِ، وسأنتظر رجوعك...

ورحلتْ (إلين) بعد يومين وكان الحزن مخيِّماً على حياة (زاهر)، ولم تعدْ (إلين) ولم يعلم عنها أيَّ شيءٍ.

مضتْ سنوات طويلة على فراق المحبين، وجمعتْهم الصدفة في أحد البلدان التي ذهب سياحة لها (زاهر) مع زوجته. كانتْ (إلين) هناك مع زوجها وأولادها، كان المنظر أشبهَ باسترجاع الماضي الذي لن يعود أبداً، كانتْ نظراتهم تتحدث بدلاً عن ألسنتهم، وانتهتْ هذه الصدفة وعاد كل شخص إلى حياته الطبيعية.

بعد مرور فترة من الزمن عادتْ والدة ووالد (إلين) إلى بغداد، وعندما عَلِمَ (زاهر) بأمر رجوعهما ذهب إليهما وسأل عن أحوالهما وهل هما باحتياج أي شيء. أخبراه بأنهما يريدان أن يطمئنّا عن أحوال أهل (زاهر)، **فقال لهما:** سوف يحضرون لكما اليوم، وبعدها علم زاهر أن (إلين) لن تعود، حتى زيارة لن تأتي، فاشتدَّ الحزن عليه مرَّة أُخرى.

انتهى فصل من فصول فراق المحبين...

# ختاماً

أتمنى أن ينال رضاكم كلُّ ما كتبتُه، كان من الواقع الذي نعيشه وقصصاً حقيقيّةً حدثتْ في هذا العصر ما بين الماضي والحاضر، ما بين زمنٍ قديم وزمنٍ حديث، أوجاع حدثتْ لأشخاص لم يتوقعوا أن يحدث هذا الأمر معهم حتى في أحلامهم، لقد نال منهم الزمن وحدث ما حدث وانتهتْ فصولٌ من أحلامهم السابقة، وقد تكون الحاضرة والمستقبليّة.

تحياتي لكم.